Als Mitglied im Rat für Nachhaltige Entwicklung hat sich Tobias Schlegl drei Jahre lang mit Themen wie Bildung, Konsum, Umweltschutz oder Arbeitslosigkeit auseinandergesetzt. Nach seinem Ausscheiden aus dem beratenden Gremium der Bundesregierung ist er durch Deutschland gereist, um auf die im Rat diskutierten Fragen praktische Antworten zu finden. Tobias Schlegl hat hinterfragt, demonstriert, gestört und seine eigenen Schlüsse gezogen. Herausgekommen ist ein erfrischender Erfahrungsbericht, der aufrüttelt, informiert und zum Handeln bewegt. Ohne moralischen Zeigefinger und mit einem gehörigen Schuss Humor.

Weitere Infos, Filme, Blogs und Geschichten rund um das Buch unter www.myspace.com/zuspaetbuch

Tobias Schlegl (30) hat als Moderator, Sänger und Schauspieler Karriere gemacht. Bereits mit 17 Jahren wurde er vom Musiksender Viva entdeckt und moderierte seine eigenen Sendungen. Inzwischen ist er Moderator der renommierten Satiresendung «Extra 3» im NDR-Fernsehen und hat eine regelmäßige Kolumne in der *Hamburger Morgenpost*.

Lars Meier (38) ist seit 1991 Geschäftsführer seiner eigenen Agentur für Marketing und Künstlermanagement. Der ehemalige Journalist und Wahl-Hamburger arbeitet seit 2000 mit Tobias Schlegl zusammen.

Tobias Schlegl
mit Lars Meier

Zu spät?

**So zukunftsfähig
sind wir
jungen Deutschen**

Rowohlt Taschenbuch Verlag

Originalausgabe

Veröffentlicht im Rowohlt Taschenbuch Verlag, Reinbek bei Hamburg, August 2008 ——— Copyright © 2008 by Rowohlt Verlag GmbH, Reinbek bei Hamburg ——— Umschlaggestaltung ZERO Werbeagentur, München ——— Foto: Lars Meier, Hamburg ——— Satz Swift und Frutiger PostScript, InDesign, bei Pinkuin Satz und Datentechnik, Berlin ——— Druck und Bindung CPI – Clausen & Bosse, Leck ——— Printed in Germany ——— ISBN 978 3 499 62390 5

Zu spät?

Inhalt

Vorwort
das beste
von kurz nach früher bis jetze

«**Herr Bundeskanzler, warum** ist eigentlich kein junger Vertreter im Rat für Nachhaltigkeit?»

«Machen Sie uns Vorschläge, dann ändern wir das!», antwortete der damalige Bundeskanzler Gerhard Schröder auf die Frage eines Jugendlichen, der bei einem Kommunikationsprojekt des Rats für Nachhaltigkeit mitgemacht hatte.

Ich war damals als Moderator und Jurymitglied engagiert worden, das Kommunikationsprojekt zu begleiten. Zwar sah ich mich als informierten Menschen – ich zappte wie die meisten in die Tagesschau rein und blätterte regelmäßig durch die Zeitungen –, aber von deutscher Nachhaltigkeitspolitik hatte ich bisher wenig mitbekommen, erst recht nichts vom Rat für Nachhaltigkeit: Ich hatte keine Ahnung, was dieses Gremium eigentlich macht.

Das sollte sich bald ändern, denn nur wenige Tage nach der Konferenz bekam ich einen Anruf aus dem Bundeskanzleramt. Gerhard Schröder hatte Wort gehalten und den Vorschlag einiger Jugendlicher aufgenommen, die mich damals in die Diskussion gebracht haben. «Können Sie sich vorstellen, in den Rat für nachhaltige Entwicklung zu kommen?», fragte mich der Staatssekretär. Ich konnte, auch wenn ich nicht wusste, was mich dort erwarten würde. Schon immer hatte ich mich gesellschaftlichem Engagement gestellt. Ich war bei den Pfadfindern, später Schulsprecher, und zu meiner Zeit als Viva-Moderator habe ich mich für die guten Dinge eingesetzt – auch wenn es zumeist um Musik ging, war die Politik nicht zu kurz gekommen.

Ein halbes Jahr später, im Mai 2004, sollte ich meine erste Ratssitzung in dem neutral beratenden Gremium, das Gerhard Schröder für die Bundesregierung 2001 gegründet hatte, hinter mich bringen. Zunächst sah ich mich mit den fragenden Blicken von 16 anderen Vertretern konfrontiert. Auch ich schaute wahrscheinlich irritiert, denn die meisten Anwesenden waren älter als meine Eltern und sahen nicht so aus, als ob ich irgendwann mal mit ihnen Spaß haben würde. Anzüge bestimmten das Kleidungsbild. Ich hatte mir zumindest ein Hemd übergestreift, war aber der einzige Turnschuhträger im Raum. Doch es sollte sich schnell zeigen, dass es hier nicht um Äußerlichkeiten ging, sondern um Inhalte.

Einige Ratskolleginnen und -kollegen kannte ich aus dem Fernsehen, wie die Politgrößen Volker Hauff oder Klaus Töpfer, bei den meisten konnte ich aber nur etwas mit den Institutionen anfangen, die sie vertraten: Deutsche Bank, BUND oder Siemens. Gemeinsam mit ihnen sollte ich mich jetzt also mindestens alle zwei Monate mit Themen wie Biodiversität, Landwirtschaft oder Corporate Social Responsibility, kurz CSR, beschäftigen. Ich brauchte einige Zeit, um mich mit den Begrifflichkeiten anzufreunden, aber nach kurzer Zeit überwogen Neugierde und Wissensdurst.

Zunächst war ich allerdings eingeschüchtert und irritiert ob der Fachkompetenz, die mir entgegenschlug, später merkte ich aber, dass meine Meinung tatsächlich gefragt war. Und das nicht nur, weil ich mit Abstand das jüngste Mitglied war und damit häufig eine andere Sichtweise auf die Dinge hatte. Sondern auch, weil ich mir mit der Zeit immer mehr Wissen über Themen wie Bildung, Medienpolitik oder Jugendkultur angeeignet hatte.

Auch privat veränderte sich einiges für mich: Die Arbeit im Rat machte mir Spaß und fing an, mehr und mehr mein Verhalten im Alltag zu bestimmen. Ich informierte mich in den Medien regelmäßig über neueste Entwicklungen, surfte auf Seiten im Internet, die sonst wohl nur Studenten aufsuchen, und verwickelte gute Freunde immer häufiger in Diskussionen in Sachen Nachhaltigkeit.

Doch was bedeutet dieses hässliche Wort eigentlich? Unzählige Male wurde mir diese Frage in den letzten Jahren gestellt; immer wieder wurde ich mit der Sperrigkeit dieses Wortes konfrontiert. Ursprünglich kommt der Begriff aus der Forstwirtschaft und beschrieb dort das Prinzip, immer nur das zu roden, was auch nachwächst. Heute wird der Terminus breiter gefasst und beinhaltet das Bemühen um eine gleichmäßige Entwicklung von Ökonomie, Ökologie und Soziologie, ohne dass die jeweils anderen Bereiche beeinträchtigt werden, also ohne dass z. B. Wirtschaftswachstum auf Kosten der Umwelt oder durch Arbeitsplatzabbau stattfindet. Mittlerweile ist der Begriff Nachhaltigkeit für mich allerdings zum überstrapazierten Unwort geworden. Jeder Werber spricht inzwischen von einer nachhaltigen Kampagne, jeder Politiker von einer nachhaltigen Strategie, jeder Einsichtige will sein Leben nachhaltig verändern – egal, ob er nun mit dem Rauchen aufhören oder kein Fleisch mehr essen will. Kurz: Ich bin des Worts überdrüssig und werde es deshalb hier nicht mehr benutzen – versprochen! Ich übersetze das schlimme N-Wort auch viel lieber mit «Zukunftsfähigkeit». Die Grünen haben 1979 ihre erste Kampagne mit dem Wahlspruch «Wir haben die Erde nur von unseren Kindern geliehen!» begonnen. Das bringt es wohl auf den Punkt. Es geht gar nicht um den asketischen Verzicht im Alltag, sondern um eine bewusste Nutzung der vorhandenen Ressourcen, sodass nachfolgende Generationen ähnlich komfortabel wie wir leben können.

Im Mai 2007 bin ich von der nun regierenden Bundeskanzlerin Angela Merkel aus dem N-Rat verabschiedet worden. Zwei Legislaturperioden gehörte ich dem Rat an, nun wurden satzungsgemäß neue Mitglieder nominiert. Mit dem Ende meiner Ratsmitgliedschaft sollte mein Engagement für die Zukunft aber nicht einfach so aufhören.

Denn irgendetwas läuft hier falsch in diesem Land, und dem will ich auf den Grund gehen: Bei den globalisierungskritischen Demonstrationen gegen den G8-Gipfel in Rostock tranken die Demonstranten Coca-Cola und gingen danach zu McDonald's; das Live-Earth-Konzert (initiiert auf mehreren Kontinenten von Friedensnobelpreisträger Al Gore, um auf den weltweiten Klimawandel hinzuweisen) im Juli 2007 in Hamburg wurde von einem Autokonzern gesponsert, TV-Kolleginnen stellen sich plötzlich als Umweltengel dar und unterstreichen das, indem sie darauf hinweisen, dass sie ihren Fernseher nicht im Standby-Modus laufen lassen.

Aber wie ist es wirklich um das zukunftsfähige Verhalten der Deutschen bestellt? Gut acht Wochen wollte ich mit dem Zug durch Deutschland reisen, um eine Bestandsaufnahme zu dem Thema zu machen, das mich drei Jahre lang vorwiegend theoretisch beschäftigt hatte. Meine Arbeit für «Extra 3» und der nicht enden wollende Bahnstreik brachten das Projekt immer mal wieder ins Stocken. Insgesamt habe ich mich vier Monate lang – inklusive kleinerer Unterbrechungen – zu den Themen Bildung, Ernährung, Umweltschutz oder Unternehmensverantwortung mit Fachleuten getroffen, die ich in meiner Zeit im N-Rat kennengelernt habe. Vor allem habe ich aber die kleinen und unbekannten Helden des Alltags aufgesucht. Die, die so wichtig sind, weil sie durch ihr persönliches Engagement viel erreichen.

Dabei will ich Ihnen, liebe Leser, genauso wenig wie mir den Spaß am Leben verderben. Auch ich werde weiterhin ungesunde Tiefkühlpizza essen und manchmal mit dem Flugzeug in den Urlaub fliegen – und Sie sollen es auch! Wenn wir jedoch alle etwas mitdenken, können wir unseren Alltag so gestalten, dass wir zukunftsfähig handeln und bleiben.

Ich habe den Buchtitel «Zu spät» gewählt, weil er natürlich aufrütteln soll, aber auch, weil einer meiner Lieblingssongs der Punkrockband «Die Ärzte» so heißt. Da BelaFarinRod mir schon immer mit ihren Titeln und Texten den Alltag erklärt und das Leben leichter gemacht haben, habe ich die folgenden Kapitel und auch das Buch mit den Songs und Titeln der besten Band der Welt überschrieben.

Ob es wirklich «Zu spät» ist, sollte sich erst im Verlauf meiner Reise klären ...

Ihr
Tobias Schlegl
im September 2007
auf der ICE-Bahnstrecke Berlin–Hamburg

Deutschlands Zukunft muss noch acht Minuten warten – mein Zug von Hamburg nach Berlin hat Verspätung. Ich habe gerade einmal drei Stunden geschlafen, da ich am Tag zuvor eine Moderation in der Hansestadt hatte. Der kleine Zeiger der Bahnhofsuhr hat noch nicht die sieben erreicht. Heute steht die erste Station meiner Inspektionsreise durch Deutschland auf dem Plan. Thilo Bode, der Geschäftsführer der Verbraucherorganisation Foodwatch, will mir meine vielen Fragen beantworten. Der ehemalige Chef von Greenpeace International und stetige Streiter für Themen wie Ernährung, Umwelt- und Verbraucherschutz erscheint mir als genau der richtige Gesprächspartner für meine erste Buch-Station. Aufgrund seines breit angelegten Wissens und seiner langjährigen Erfahrung erwarte ich mir viele gute Tipps und Hinweise für meine Recherche. Nach seinem Weggang von Greenpeace baute Thilo Bode 2002 Foodwatch auf und kämpft seitdem mit einem kleinen Team gegen die Nahrungsmittelindustrie. Da er kurz vor seinem Jahresurlaub einen engen Terminplan hat, blieb mir nur, den Neun-Uhr-Vorschlag seiner Sekretärin anzunehmen.

Sollte das Wetter symbolisch für mein Unterfangen stehen, habe ich nicht viel Hoffnung für Deutschland. Kalter Herbstwind mitten im August fährt mir durch die Knochen, der Regen hält mich wach und ist das erste Wasser, das mein Gesicht heute zu spüren bekommt. Der Wecker konnte mich beim ersten Anlauf nicht wach kriegen, und so musste ich aufs Duschen erst mal verzichten. Keine guten Vorraussetzungen, um ein wirklich wichtiges Interview zu führen, geschweige denn im Zug ein paar Leute anzusprechen und mit ihnen über Ernährung zu diskutieren.

Endlich, mein Eurocity kommt. Zum Glück habe ich ein Abteil für mich allein und zwei Stunden Zeit, meine spärliche Morgentoilette nachzuholen. Eigentlich wollte ich meine Fragen nochmal sortieren, um etwas Ordnung in die Themenblöcke zu bringen, aber ich entscheide mich dafür, dass ich das auch kurz vor Berlin machen kann, und schlafe schnell noch ein Stündchen. Zum Wachwerden klicke ich den iPod auf das Rock-Kapitel und höre quasi zur Einstimmung «Roots, Bloody Roots» von Sepultura. Der Schaffner erklärt mir mit schrägem sächsischem Unterton, dass nicht nur meine Musik viel zu laut ist – ich bin immer noch alleine in meinem Abteil –, sondern dass wir aufgrund einer kaputten Tür und des dadurch bedingten «Sonderhalts» eine weitere Verspätung von ca. fünfzehn Minuten haben. Die Bahn und ich machen dem Buchtitel also alle Ehre. Schöner Witz, denke ich und beschließe, Herrn Bode damit milde zu stimmen.

Um Viertel nach neun erreiche ich schließlich Bodes Büro in einem sanierten Hinterhof in Berlin-Mitte. Er scheint meine Verspätung gar nicht bemerkt zu haben und führt mich direkt in einen gläsernen Konferenzraum. Die Frage «Kaffee oder Wasser?» beantworte ich trotz meiner Müdigkeit wie immer mit «Alles, nur keinen Kaffee!», da ich in meinem bisherigen Leben schon einiges ausprobiert habe, aber die Finger von dem bitteren Teufelszeug lasse.

Schon nach kurzer Zeit ist meine Müdigkeit auch ohne Koffein verschwunden, denn Thilo Bode erzählt eine Reihe kurzweiliger Geschichten, die mich sofort in den Bann ziehen. Bode ist mal wieder bereit für den Kampf. «Wir planen gerade eine Aktion gegen McDonald's», erklärt er mit dem Hinweis auf die merkwürdigen Gestelle, die ich durch die Glasfront erblicke. Seine fünf Mitarbeiter und ein paar Zivis müssen schrauben, damit morgen sechs Menschen in mobile Litfaßsäulen schlüpfen können. «Das wird unser McDonald's-Ballett, unser neues Aktionstool. Auf die viereckigen Tragegestelle schreiben wir: Gemein. Schluss damit. Keine Hamburger mit Gentechnik.» Dazu muss man wissen: Mit Hilfe genetischer Veränderungen bei der Züchtung versucht man z.B., die Pflanzen robuster, weniger anfällig gegen Insekten zu machen oder auch Farbe und Geschmack zu beeinflussen. 80 Prozent aller gentechnisch veränderten Pflanzen enden als Futtermittel, und die Endprodukte wie Eier, Milch und in diesem Fall das Burgerfleisch sind nicht entsprechend gekennzeichnet. Die Wirkung von gentechnisch manipulierten Nahrungsmitteln auf den Menschen ist jedoch noch nicht erforscht, obwohl laut www.transgen.de mittlerweile mehr als 60 Prozent des weltweit gehandelten Sojas genmanipuliert ist. Negative Auswirkungen sind zwar nicht bekannt, aber «Unwissenheit schützt vor Schaden nicht», wie Oma Schlegl immer sagte. Was allerdings bewiesen ist: Gentechnik stellt eine große Gefahr für die Arten- und Sortenvielfalt dar und belastet durch die Verwendung von besonderen Pestiziden zusätzlich die Böden. Ein Skandal, zumal der Verbraucher darüber nicht informiert wird und demnach auch keine Wahlfreiheit hat. Denn während der Bauer genau weiß, was er an seine Tiere verfüttert, da Gentechnik in Futtermitteln seit April 2004 gekennzeichnet werden muss, erfahren wir Konsumenten es nicht. Auch dann nicht, wenn die Tiere ihr Leben lang nichts anderes als Genfutter gefressen haben. «Sie können sich auf nichts verlassen. Sie sind eine arme Sau beim Einkaufen», bringt Thilo Bode es mit glühenden Augen auf den Punkt. Merkwürdig. Da organisierte er bei Greenpeace halsbrecherische Schlauchboot-Verfolgungsjagden, Ölplattformeroberungen auf stürmischer See und todesmutige Erklimmungen von Fabrikschloten, und nun freut er sich über sechs menschliche Tonnen, die morgen vor McDonald's rumhüpfen werden. Die Burgerkette will Thilo Bode stellvertretend für alle anderen Fastfood-Restaurants ärgern, weil sie Marktführer sind.

«Die Polizei kriegt wahrscheinlich eine Stunde vorher ein Fax. Das muss reichen», erzählt Bode, der weiß, dass das Versammlungsrecht zwar ein Grundrecht ist, jede Demonstration auf öffentlichem Grund aber offiziell angemeldet werden muss. Die Polizei darf die Versammlung nur verbieten, wenn triftige Gründe dafür bestehen. Sechs behäbige Tonnen werden diese wohl nicht liefern. «Im Notfall habe ich noch eine telefonische Standleitung zu meinem kampferprobten Rechtsanwalt», versichert Herr Foodwatch und findet auch die passende Antwort auf meine Nachfrage, ob man mit einer solchen Aktion wirklich einen Großkonzern in die Knie zwingen könne: «Es geht morgen um die Symbolik, um die passenden Bilder, mit denen man dann öffentlichen Druck erzeugen kann. Die Politiker bewegen sich nur, wenn es öffentlichen Druck gibt. Außerdem muss man die Unternehmen dort treffen, wo der Kunde aufläuft. Dann tut es weh.» Perfekt. Genau so etwas habe ich zum Auftakt meines Buches gesucht: Jemanden, der auch nach vielen Jahrzehnten Kampf den Glauben an das Gute nicht verloren hat. Ich hätte gerne auf diese klischeehafte Darstellung verzichtet, aber Fakt ist: Der Typ hat Herzblut. «Gucken Sie sich mal die Biene Maja an», reißt mich Bode aus meinen Gedanken und zeigt mir einen Joghurtbecher: «Auf diesem Kinderjoghurt steht der Zuckergehalt nicht drauf. Der ist versteckt hinter der Bezeichnung Kohlenhydrate. Das versteht doch kein Mensch.» Tatsächlich beinhaltet eine kleine Packung der fetten Biene ganze 55 Stück Würfelzucker, eine Liter-Flasche Cola «nur» 35. Damit aber nicht genug. Bode präsentiert mir jetzt sein gesamtes Kabinett des Grauens und drückt mir die gute «Landliebe»-Milch in die Hand. «Da steht drauf: ‹Die strengen Kriterien für Babynahrung werden berücksichtigt› – aber welche Kriterien sind das?» Er zeigt mir eine weitere Aufschrift: «Und hier steht: ‹Kommt von ausgesuchten Bauernhöfen› – das lässt sich aber nicht nachprüfen.» Fakt ist: Diese Milch kostet doch tatsächlich 40 Cent mehr als normale Milch, ist aber nicht besser, wie Studien bewiesen haben, zumal die Kühe auch nicht anders gehalten werden als Discount-Milchkühe. «Man kann deshalb auch ebenso gut Discounter-Milch kaufen und im Jahr 300 Euro sparen.» Da sind sie, die praktischen Tipps, die ich gesucht habe. Kein erhobener Zeigefinger von einem Öko-Altlinken, der schon als Klassensprecher genervt hat. Sondern vielmehr einfache Beispiele, die selbst einen Pfennigfuchser wie mich überzeugen. Aber auch Bode weiß, aller guten Dinge sind drei, und deshalb holt er jetzt einen weiteren Klassiker hervor: die Kinderschokolade, die mich meine gesamte Kindheit und Jugend begleitet hat, immer finanziert von meiner Mutter, die fest an die «Extraportion Milch» glaubte. Doch Bode hält dagegen: «Bis der tägliche Calciumbedarf durch Kinderriegel gedeckt ist, hat man zusätzlich 55 Stück Würfelzucker und ein halbes Pfund Butter gegessen.» Gut, dass Mutter Schlegl das erst jetzt erfährt, sonst hätte ich wahrscheinlich im Supermarkt nie ein so leichtes Spiel gehabt.

Spätestens jetzt hat mich das Prinzip Bode gepackt: Wenn er erzählt, hat es etwas Verschwörerisches – so wie bei einem Geheimbund. Man möchte Teil der Bewegung werden und sein Gewissen nicht mehr nur durch Unterschriften auf Protestlisten beruhigen. Kurzum: Ich will mir auch eine Tonne anziehen. Bode schaut etwas erstaunt, freut sich aber über mein Angebot und schmiedet einen weiteren Aktionsplan. «Morgen geht es eigentlich nur um das Foto. Die richtige Aktion können wir beide gerne zusammen starten. Dann stecken wir beide in je einer Tonne, verteilen Informationen und halten die Kunden auf. Das wird die noch viel mehr schmerzen.» Der Trick dabei: Zwei Leute gelten noch nicht als Demo. Sozusagen eine Gesetzeslücke, die den Protestlern eine ungeheure Macht gibt. Zu zweit gegen das Unrecht, das haben schon einige geschafft – wenn auch nur auf der Leinwand: Bud Spencer und Terence Hill, Clint Eastwood und sein Colt, Bernard & Bianca. Das Ziel dieser und vieler anderer Aktionen von Foodwatch: McDonald's zum vollständigen Verzicht auf Gentechnik-Futter zu bewegen. Denn wenn McDonald's gentechnikfreie Hamburger anbieten und kennzeichnen würde, hätten die Verbraucher nicht nur endlich Wahlfreiheit, es würde zudem den Markt für Futtermittel radikal ändern: Auf einmal würden Hunderttausende Tonnen gentechnikfreies Soja (das am häufigsten verwendete Futtermittel) angefordert werden.

Der äußerst feste Händedruck bei der Verabschiedung beweist mir Bodes Entschlossenheit.

Als ich zwei Stunden später in meinen E-Mail-Account schaue, habe ich schon einen Terminvorschlag von ihm – er will gleich am ersten Tag nach seinem Urlaub loslegen. Der Kampf für das Gute darf nicht warten ...

BESSERWISSERBOYKASTEN

Alles so einfach

Als Konsument steht man häufig auf verlorenem Posten. Selbst wenn ich mir die Mühe mache und auf die Zutaten in Getränken oder Speisen achte, weiß ich immer noch nicht, was ich wirklich zu mir nehme. Auch das Wort «gesund» auf den Packungen sagt nicht zwingend etwas darüber aus, wie gesundheitsfördernd das Produkt wirklich ist. Es kann, im Gegenteil, sogar krank machen. Behörden müssten dazu verpflichtet werden, die Ergebnisse von Lebensmittelkontrollen beispielsweise im Internet zu veröffentlichen. Namen von Firmen, die in Lebensmittelskandale verwickelt sind, sollten öffentlich angeprangert werden, denn solche Unternehmen spielen mit unserer Gesundheit. Doch leider ist die Industrielobby mal wieder stärker als das Gesundheitsbewusstsein und die Fürsorgepflicht unserer Politiker.

Anneliese Schmidt erklärt

Ein Beispiel, das mir Thilo Bode noch verraten hat, zeigt, wie wir von der Industrie getäuscht werden: Die bayerische Metzgereikette Vinzenz Murr hat in ihrer Werbung höhere Qualität versprochen, da die Tiere, die verarbeitet würden, weder Tiermehl noch präventiv Antibiotika bekämen. Doch das ist per Gesetz sowieso seit 2001 ausdrücklich verboten, und zwar nicht nur bei Bio-Produkten. Die Firma warb also mit einer Selbstverständlichkeit.

Baby ich tu's

Gesund ist wirklich nur, was uns Mutter Natur direkt auf den Tisch bringt. Fruchtsäfte also lieber selbst pressen als irgendwelche Industrieprodukte mit chemischen Geschmacksverstärkern oder Konservierungsmitteln kaufen. Wer wirklich seinen Tagesbedarf an Calcium oder anderen wichtigen Mineralien decken will, braucht keine Konzerne wie Nestlé oder Ferrero.

Paul surft

www.foodwatch.de

www.greenpeace.de

www.verbraucherschutzkompass.de

Es regnet. Nein, es schüttet. Und ausgerechnet heute muss ich mein Versprechen einlösen. Bode und ich in der Tonne vor McDonald's, mitten auf der beliebten Berliner Einkaufsmeile Kurfürstendamm. Zwei Stunden vorher steht allerdings ein konspiratives Treffen im Foodwatch-Hauptquartier an. «Ziehen Sie eine schwarze Hose an», war der einzige Hinweis, den ich in der letzten Mail von Bode bekommen hatte. Die Weltrevolution ist demnach nur mit schwarzer Beinbekleidung möglich. Werde ich doch noch im schwarzen Block landen? Zu spät. Ich stecke bereits in meiner Lieblingsjeans und renne durch den Regen zur S-Bahn. Wenigstens heute will ich pünktlich sein. Auf die Millisekunde genau drücke ich die Foodwatch-Klingel. «Warum haben Sie denn keine schwarze Hose an, Herr Schlegl?», begrüßt mich ein kritisch dreinblickender Thilo Bode mit schwarzem Beinkleid. Ich frage verwundert, ob man die Welt nicht auch in einer dunkelblauen Jeans retten könne. «Das sieht einfach besser aus, zusammen mit der viereckigen Tonne», entgegnet Bode. Ich blicke ihn erstaunt an. Nie hätte ich es für möglich gehalten, dass Verbraucherschützer einen derart ausgeprägten Sinn für modischen Schnickschnack haben. Schon drückt mir Bode die topmodische, grell-neon-orangene Foodwatch-Regenjacke in die Hand. Wer internationale Großkonzerne ärgern will, sollte doch keine Angst haben, nass zu werden?! Trotzdem hoffe ich insgeheim darauf, dass Bode jetzt noch schnell die ganze Aktion abbläst. Beim nächsten Mal könnte ich mich dann sogar passend anziehen. Keine Chance. «Die Presse ist bereits informiert. Wir ziehen das durch», lautet die Ansage, und so ziehen Bode, drei Foodwatch-Mitarbeiter und ich in die Schlacht. Fünf orangene Müllmänner-Look-Alikes.

Im Taxi gesteht mir Bode: «Wir haben die Polizei doch noch schnell über die Demo informiert, zumal wir jetzt nicht nur zu zweit sind.» Unglücklich bin ich darüber nicht, denn das verringert die Chancen, heute in der U-Haft zu übernachten, wie ich es mir im Vorfeld leicht paranoid ausgemalt habe. Außerdem ist es eh kein Geheimnis mehr, dass wir kommen. Die Presse wurde durch eine Mail vorab informiert, und das beinhaltet natürlich auch die Chance, dass man McDonald's vorher einen Tipp gegeben hat, der Gegner also gewappnet sein könnte. Nicht ganz uninteressant, denn damit bewegen wir uns auf Augenhöhe. Vor dem Steigenberger-Hotel springen wir aus dem Taxi, und die Foodwatch-Mitarbeiter, alle im Jungakademiker-Alter, bauen in Windeseile die zwei mobilen Protesttonnen zusammen. Einige Hotelgäste in Anzügen werfen uns mitleidige Blicke zu. Minuten später stecken Bode und ich in der «Burger-ohne-Gentechnik»-Protesttonne und laufen die letzten Meter zu der McDonald's-Filiale. Gar nicht so einfach, sich mit diesem Gestell zu bewegen. Ich blicke Bode an und kann deutlich den Glanz in seinen Augen erkennen. Er hat so etwas länger nicht mehr gemacht. Zuletzt saß er nur noch auf seinem Chefsessel und hielt die Fäden von dort aus zusammen. Jetzt ist er endlich wieder auf der Straße und eilt schnellen Schrittes voraus, sodass selbst seine frei beweglichen Mitarbeiter Probleme haben, ihm zu folgen. Das Wunder: In genau diesem Moment hört der Regen auf, und der Himmel gibt sogar ein paar Sonnenstrahlen frei. Verfolgt von vielen Augenpaaren kämpfen wir uns über den Ku'damm und stehen schließlich vor dem Ziel: einer gut besuchten Filiale der weltweit größten Fastfood-Kette. «Ich dachte schon, ihr kommt gar nicht mehr», empfängt uns ein Agenturfotograf. Ansonsten ist nur noch ein Kamerateam unserer Pressemitteilung gefolgt. Aus dem Augenwinkel sehe ich bereits einen Polizisten, der etwas Abstand hält, aber definitiv auch auf uns gewartet hat. «Keine McDonald's-Mitarbeiter filmen», brüllt er in Richtung Kamerateam. Die Zeit läuft. 30 Minuten haben Bode und ich ausgemacht. Es geht einerseits um die passenden Bilder, die bei dieser Aktion entstehen sollen und mit denen man dann in Zukunft für Foodwatch werben kann, und andererseits um möglichst viele Unterschriften, die wir für Hamburger ohne Gentechnik sammeln und dann stetig an McDonald's schicken wollen. Wir sind mit Unterschriftenlisten, Infoflyern über den Gen-Missbrauch und vielen Stiften bewaffnet. Mindestens 100 Unterschriften möchte ich sammeln. Bode staunt: «Das wäre ein sehr gutes Ergebnis.» Der Anfang fällt schwer. «Was habt ihr gegen McDonald's? Die Hamburger schmecken doch lecker!», bekommen wir von einem Passanten zu hören. Dabei ist das doch gar nicht der Punkt. Wir sagen gar nicht, dass die Hamburger nicht schmecken oder qualitativ schlecht sind. Das Gegenteil ist der Fall. Stiftung Wartentest urteilte sogar mit einem «GUT», und Thilo Bode versichert: «Wenn man ganz sicher kein Gammelfleisch essen will, sollte man zu McDonald's gehen. Die können alle Lieferanten zurückverfolgen.» Doch der Konzern verschweigt seinen Kunden den Einsatz von Gentechnologie und verzichtet nicht auf gentechnisch veränderte Futterpflanzen. Die Begründung: Dies sei nicht möglich, weil auf dem Markt nicht genügend solcher gentechnikfreien Futtermittel zur Verfügung stünden. Falsch. Im Vorfeld der heutigen Aktion hat Foodwatch McDonald's das Angebot eines Sojahändlers unterbreitet, der in der Lage wäre, die Versorgung aller 100 000 fleischliefernden Landwirte von McDonald's mit den gentechnikfreien Futtermitteln sicherzustellen. Um maximal ein bis zwei Cent würden sich dann die Hamburger verteuern. Leicht zu verschmerzen für den Großkonzern, der allerdings nicht auf das Angebot einging. Wir protestieren demnach gegen die Zwangsernährung, da die Bürger, die Burger von McDonald's essen, keine Wahl haben. Nun könnte man einfach ganz auf Burger verzichten: Da allerdings jeder dritte Viehzüchter in Deutschland McDonald's beliefert, wird klar, dass das Fleisch dieser Viehzüchter eben nicht nur bei McDonald's auf dem Bratrost landet.

Wenn der Fastfood-Riese sein Angebot ändern und auf Genfood verzichten würde, hätte das radikale Auswirkungen auf die gesamte Branche. Diese Ausgangslage offenbart auch das Problem bei unserer Protestaktion: Ohne Kommunikation und Aufklärung geht nichts. Keiner unterschreibt ohne Gegenfrage. Eine wirklich mühsame Sache. Während Bode einzelne Passanten abfängt und ihnen immer wieder die Hintergründe erklärt, kommt mir eine effizientere Idee. Ich fange einfach die meist jugendlichen Kunden von McDonald's, die überwiegend in Grüppchen auftreten, sofort vor bzw. nach ihrem Festmahl direkt vor der Tür ab. Das Unglaubliche: Fast alle hören aufmerksam zu und sind überrascht, dass in Burgern Gentechnik steckt. Von wegen, man könne die Jugend nicht politisieren. Zugegeben, sie braucht in diesem Falle einen verbalen Tritt in den Hintern, aber das Ergebnis stimmt: ca. 95 Prozent unterschreiben. «Mir doch egal. Ich gehe jetzt rein und fresse lecker Gen-Food» bleibt die Ausnahmereaktion. Meine Lieblingsausrede an diesem Tag: «Ich bin Veganer. Das geht mir am Arsch vorbei.»

Während die Jugendlichen die Unterschriftenlisten an die McDonald's-Scheibe drücken und gemeinsam unterschreiben, bleibt dem Filialleiter nichts anderes übrig, als böse und etwas hilflos zu gucken. «Ich hab da mal gearbeitet. Ich unterschreibe sofort», erzählt mir eine Passantin. Wieder eine Unterschrift mehr. Mittlerweile ist aus der halben Stunde eine ganze geworden. Zeit für unseren Rückzug. Fazit: Bode hat 25 Unterschriften gesammelt, ich 93. Zusammen haben wir also das Ziel erreicht, ohne dass es Tumulte gab und wir unsere Zähne verloren haben. Nur ein paar Stifte wurden uns geklaut. Auf dem Rückweg sehen wir einen Kollegen, der ebenfalls in einer mobilen Litfaßsäule steckt. Nur die Aufschrift ist anders: «Lecker Döner bei SHARKY. Nur ein Euro.»

Doch um zu billige Döner, die mit minderwertigem oder auch gesundheitsgefährdendem Fleisch gefüllt sind, muss ich mich später kümmern. Mein Telefon weist 23 Anrufe in Abwesenheit auf. Alleine acht sind von meiner Schwester. Nicht ohne Grund, wie ich bei meinem Rückruf erfahren soll. Sie will umziehen! Da ist es natürlich Bruderpflicht, dass ich mithelfe. Da sie weiß, auf welcher Mission ich mich befinde, kommt sie mit einem unschlagbaren Argument um die Ecke: «Du kannst doch mal mit zu Ikea kommen und schauen, ob die auch alles richtig machen in Sachen Nachhaltigkeit!» Gute Idee, wie ich finde, doch zunächst will ich mir fachmännischen Rat einholen ...

BESSERWISSERBOYKASTEN

Alles so einfach

Das Thema Gentechnik ist ein heikles Thema, denn selbst erfahrene Wissenschaftler streiten sich über die Folgen der Manipulationen. Die vollständigen Auswirkungen des Eingriffs in die Natur sind noch unerforscht. Trotzdem wird

Gentechnik immer wieder bei Futtermitteln eingesetzt, ohne dass wir Verbraucher davon erfahren. Es gibt einige Hinweise darauf, dass es zu unerwarteten und überraschenden Effekten beim Anbau von genmanipulierten Pflanzen/Gemüse/Obst kommt. So können superresistente Unkräuter entstehen, die mit noch stärkeren Giften bekämpft werden müssen, oder Insekten, die wichtig sind für die Bestäubung der Pflanzen, sterben. Dadurch verschärft Gentechnik das Pestizidproblem, obwohl sie in den achtziger Jahren entwickelt wurde, um es zu bekämpfen. Der intensive Einsatz einiger weniger Pflanzengifte beim Anbau von Gentechnik-Soja führt zu Gewässer- und Bodenbelastung sowie Resistenzbildungen und schädigt wichtige Bodenorganismen. Das gesamte Ökosystem kommt ins Wanken.

Baby ich tu's

Konfrontieren Sie Mitarbeiter von McDonald's oder anderen Burger-Bratern immer wieder mit den Gen-Vorwürfen. Fragen nerven und können etwas bewirken. Gehen Sie demonstrieren. Das Demonstrationsrecht ist ein Grundrecht, in Deutschland im Artikel 8 des Grundgesetzes festgeschrieben. Demonstrationen unter freiem Himmel müssen in Deutschland angemeldet, aber nicht genehmigt werden. Es gibt kein Demonstrationsverbot, es sei denn die Demonstration gefährdet unmittelbar die «öffentliche Sicherheit oder Ordnung». Denken Sie an das große Schlupfloch: Zwei Mann sind noch keine Demo.

Paul surft

www.food-monitor.de
www.abgespeist.de
www.transgen.de

Meine Schwester ist also schuld an meiner nächsten Mission. Zum vierten Mal zieht sie mittlerweile innerhalb einer Stadt um. Und das auch noch in Hannover. Dabei trennt sie sich natürlich bei jedem Umzug aufs Neue von bestimmten Möbelstücken. Was neu gekauft werden muss, wird von Ikea geholt. «Schaue nie mit einer Frau Bruce-Willis-Filme an», lautet eine wichtige Schlegl-Lebensweisheit, ergänzt durch den Zusatz: «Und gehe nie mit ihr zu Ikea.» Denn unter fünf Stunden bin ich noch nie aus dem schwedischen Einkaufsbunker herausgekommen. Was für eine Verschwendung von Lebenszeit, die ich dann noch nicht mal Ikea, meiner Schwester oder anderen Frauen in Rechnung stellen kann. Ich habe mich jedoch schon immer gefragt, inwiefern sich Ikea für die Umwelt einsetzt und ob deren Produkte Umweltzerstörung begünstigen. Denn wenn es einen Ort gibt, bei dem meine Generation mit Holzprodukten in Kontakt kommt, ist es der schwedische Möbelriese. Insofern bin ich meiner Schwester und ihrer telefonischen Nachfrage, ob ich sie nicht beim Schreibtischeinkaufen begleiten könne, sogar dankbar, da das der letzte entscheidende Ruck war, dieser Frage intensiv nachzugehen.

Hermann Graf Hatzfeldt, den ich durch meine Tätigkeit im N-Rat als einen leidenschaftlichen Kämpfer für den Wald und seine Ökosysteme kennengelernt habe, sollte dafür genau der Richtige sein. Ich erinnere mich an Sätze von ihm wie: «Die Zerstörung der Wälder ist ein Spiegelbild der Naturvergessenheit der westlichen Zivilisation.» Oder: «Wälder waren die ersten

Opfer der globalen Ausdehnung, sie sind heute immer noch Opfer und werden es künftig bleiben.»

Nackte Füße. Das ist das Erste, was mir ins Auge springt, als Hermann Graf Hatzfeldt-Wildenburg-Dönhoff, so sein vollständiger Name, mir die Türe zu seinem Zweitwohnsitz in Berlin öffnet. Hatzfeld ist der größte Privatwaldbesitzer in Rheinland-Pfalz und Brandenburg und außerdem Eigentümer der Schlösser Crottorf und Schönstein. Sein Berliner Wohnsitz ist allerdings alles andere als prunkvoll. Zwar geschmackvoll und geräumig, aber sehr spartanisch. «Nur das Nötigste. Ich brauche nicht viel», erklärt Hatzfeldt. Die kleine Stereoanlage steht demnach auf dem Boden, ein Fernseher ist nirgends zu entdecken. Mittlerweile in Socken steckend, fordert mich der Graf auf, auf dem Sofa Platz zu nehmen. Sitzen kann man darauf aber nicht wirklich, es ist vielmehr ein Versinken und Liegen. Das perfekte Schlafsofa. Kein Vergleich zu meinem harten 300-Euro-Modell von Ikea, bei dem sich schon etliche meiner Kumpels einen krummen Rücken geholt haben, als sie bei mir übernachtet haben. Damit sind wir auch schon mitten im Thema. Möbel, Holz, Ikea. Wie kann ich auf Nummer sicher gehen, dass mein Holz nicht aus illegaler Rodung kommt? «Ganz schwer. Aber das Sicherste ist im Moment das FSC-Siegel», meint der «Ökomanager des Jahres 1998» Hatzfeldt. Das «Forest Stewardship Council» ist eine internationale, gemeinnützige Organisation, die mit ihrem Siegel Holzprodukte kennzeichnet, die nachhaltigen Kriterien entsprechen und so den weltweiten Waldbestand vor illegaler Rodung schützen. Vom Wald bis zum Endverbraucher wird jede Stufe des Handels und der Verarbeitung kontrolliert. «Eine hundertprozentige Garantie gibt es nie, aber es ist das beste System, das es in dieser Richtung gibt.» Firmen, die sich mit dem FSC-Siegel zertifizieren lassen möchten, müssen unter anderem einwandfrei nachweisen können, dass ihr Holz nicht aus Raubbau kommt, die Artenvielfalt des Waldes gewährleistet bleibt und zudem die Menschenrechte gewahrt werden. «Das können die meisten Firmen aber gar nicht», erläutert der Graf. Zumal viel Holz, das in Deutschland verarbeitet wird, aus Brasilien, Indonesien oder Russland kommt. Ähnlich wie in der Textilindustrie in diesen Ländern sind die Arbeitsbedingungen auch in der Holzbranche allerdings weit von denen hier in Deutschland entfernt. Schlechte Bezahlung und gesundheitsgefährdende Arbeitsumstände sind dort an der Tagesordnung. Ein weiteres Problem: Die deutsche Holzindustrie lehnt FSC teilweise ab, da sie nicht will, dass Umwelt- und Sozialverbände bei diesen Fragen mitreden dürfen. Doch wenn der Produzent selbst entscheiden kann, was gut und schlecht ist, geht das natürlich zu Lasten der Qualität, Glaubwürdigkeit und Transparenz. Die Selbstverpflichtung der Holzindustrie funktioniert genauso wenig wie die der Automobilbranche. Denn auch hier wären schon lange umweltfreundlichere Autos möglich gewesen. Doch spritsparende Fahrzeuge sind schlecht für die mächtige Mineralölindustrie. Deutschland ist weder beim Thema Auto noch beim Thema Holz ein Vorbild.

Wie sauber ist denn nun Ikea? Mir jedenfalls ist dieses FSC-Siegel dort bisher nicht aufgefallen. «Ikea hat einen ganz guten Ruf. Die haben ein mehrstufiges System und bemühen sich, sauberes Holz zu kaufen. FSC ist für Ikea die vierte und höchste Stufe. Ikea hat sich aber dazu bekannt, mit FSC zusammenzuarbeiten und den Anteil der FSC-Ware zu vergrößern. Es wäre interessant zu gucken, wie viele Produkte wirklich das FSC-Label tragen», klärt mich Hatzfeldt auf. Ich frage ihn, ob er mich hier und jetzt zu einer kleinen Ikea-Inspektion begleiten möchte, und stelle die Glaubensfrage: Mit meinem Auto oder mit den öffentlichen Verkehrsmitteln? «Aus Zeitgründen würde ich einen Kompromiss vorschlagen: Hin mit dem Auto, und zurück fahre ich mit der S-Bahn.» Geschickt, der Hatzfeldt.

Zwanzig Minuten später lesen wir in Berlin-Tempelhof: «Willkommen in Schweden.» Der Graf und ich betreten die heiligen Möbelhallen. Mit Grauen erinnere ich mich noch an die Zeit vor drei Jahren, als ich hier fast einen ganzen Tag verbrachte, um nach meinem Umzug von Köln nach Berlin die passende Einrichtung zu finden. Über die unzähligen Wutausbrüche meinerseits beim Aufbau möchte ich an dieser Stelle nicht reden. Der Graf staunt: «Wie groß ist das denn alles?! Ein Tempel.»

Wir beginnen nun also gemeinsam unsere Wanderung durch «Erlebniswelten» und untersuchen die Holzprodukte. Den Stuhl BÖRJE, die Zeitschriftenablage ESTETIK, den Schreibtisch GUSTAV. Kein FSC-Siegel zu entdecken. Aber auf der Rückseite der Preisschilder finden wir den Hinweis: «Holz stammt aus intakten und gesunden Wäldern.» Graf Hatzfeldt ist leicht erzürnt: «Das kann ja jeder einfach so behaupten. Ohne Zertifizierung ist das doch völlig unglaubwürdig.» Zeit, die gelben Mitarbeiter zu fragen. Wo wir denn Ware mit dem FSC-Siegel finden könnten? «FSC? Was ist das denn?», hören wir von der Dame am Counter der Wohnzimmereinrichtungsabteilung. «Da gehen Sie mal lieber zum Kundenservice, eine Etage tiefer. Die wissen so etwas», rät sie uns. Der Graf und ich schauen uns erst mal weiter um. Vorbei am Klapptisch LEKSVIK, am Schubladenelement GOLIAT und dem berühmten Regal BILLY. Noch immer kein Siegel. Wir fragen weitere Mitarbeiter, werden aber immer wieder an den Kundenservice verwiesen. Schließlich geben wir uns geschlagen und wandern ein Stockwerk tiefer, vorbei an Vorhängen, Teppichen, Glühbirnen und Klobürsten. Ich kann es kaum glauben: Zum ersten Mal kaufe ich nichts. Bisher befiel mich nämlich immer das typische Ikea-Syndrom:

Man kam, um einen einzigen Artikel zu kaufen, und fand sich dann plötzlich an der Kasse mit einem Wagen voll von unnützem Zeug wieder. Heute nicht, denn wir haben eine Mission. Also mit leeren Taschen und ohne Einkaufswagen vorbei an der Kasse, rechts zum ausgeschilderten Kundenservice. Problem: Der Kundenservice ist gleichzeitig auch der Umtausch-Counter und somit voll von leicht aggressiven Menschen, die ihre alte, aufgerissene Ware trotzdem noch umtauschen möchten. Wir ziehen Nummer 385, aufgerufen wird gerade Nr. 360. «Da kann ich mir ja noch diese leckeren Haferflockenkekse holen. Vor zehn Jahren in Bonn gab's die jedenfalls noch», meint der hungrige Graf. Tatsächlich gibt es die schwedischen Kekse Modell HAVREFLARN noch immer. Der Graf ist glücklich, und ich benetze meine Kehle mit nordischer Preiselbeerlimonade.

Zwanzig Minuten später werden wir aufgerufen. Ich stelle dem Kundenservice unsere Frage, während Herr Hatzfeldt noch immer seine Kekse knuspert. Die Antwort kommt uns bekannt vor: «FSC? Keine Ahnung. Ich bin neu hier. Aber fragen Sie doch mal ein Stockwerk höher in der Möbelabteilung.» Im freundlichen, aber bestimmten Ton erklären wir der jungen Dame, dass wir dies bereits getan hätten, aber immer hierhin verwiesen worden seien und wir jetzt hier bleiben würden, bis sie ihren Chef hole. «Einen Moment.» Wir sehen, wie sie einen älteren Herrn in ein fünfminütiges Gespräch verwickelt. Schließlich bekommen wir von der gelben Dame das überraschende Ergebnis mitgeteilt: «Wir führen keine FSC-Ware. Aber mein Chef hat gesagt, dass bei den Sommermöbeln etwas dabei wäre. Da müssen Sie dann nächstes Jahr im Frühling wiederkommen.» «Aber warum behaupten Sie in Ihrer Werbung, dass Ihr Holz nicht aus Urwäldern stammt? Wie kann man das ohne FSC-Siegel überprüfen?», fragt Hatzfeldt. Wir ernten ein ratloses Gesicht – und verabschieden uns. «Das gibt mir wirklich zu denken. Ikea hat doch erklärt, mit FSC zusammenzuarbeiten, sogar versprochen, dass bis Ende 2009 ein Drittel des Holzes nach FSC zertifiziert sein soll. Ich schreibe den Leuten vom WWF noch heute einen Brief», beschließt der Graf. Zum Schluss sind wir wieder bei der Glaubensfrage. «Soll ich dich jetzt zur nächsten S-Bahn-Station bringen?», frage ich Hatzfeldt. Er schaut mich kurz an und antwortet dann: «Ach, Tobi, fahr mich doch nach Hause.»

Seine Haferflockenkekse wird er auf dem Rücksitz vergessen.

Der Graf schrieb tatsächlich sofort einen Brief, denn zwei Tage später hatte ich eine Kopie davon in meinem Briefkasten stecken. Und diese möchte ich Ihnen, werter Leser, als Ergebnis unserer Nachforschungen nicht vorenthalten:

Lieber J.,
ich war letzten Freitag bei Ikea in Berlin-Tempelhof, ein riesiger Kaufpalast. Ein Durchgang mit Abfragung des Personals ergab, dass kein einziges Produkt mit dem FSC-Logo ausgezeichnet war und nur ein einziger Angestellter sich überhaupt etwas unter der Buchstabenkombination FSC vorstellen konnte: Wie ist das vereinbar mit der Erklärung von Ikea, dass bis Ende 2009 ein Drittel des Holzes für Ikea-Produkte nach FSC zertifiziert sein soll (cf. «Ikea's Positions on FORESTRY» vom November 2006)? Gilt dieser Missstand nur in Deutschland bzw. Berlin? Und was wäre zu tun, um Ikea auf die Sprünge zu helfen?

Anlass meines Besuches war ein Interview mit Tobias Schlegl, der ein Buch über Nachhaltigkeit schreibt. Er wollte mal sehen, wie FSC in der Praxis funktioniert. Ich auch. Peinlich!

Gruß, Hermann

Einige Tage später hatte der Graf den Antwortbrief des WWF-Kollegen im Briefkasten. Graf Hatzfeld ließ mir umgehend die Kopie zukommen:

Lieber Hermann,
Deine Frage zu Ikea und FSC: Die Strategie von Ikea ist, FSC bei den Holzquellen und bei den Lieferanten zu entwickeln, aber vorerst noch keine Produkte zu labeln. Der Verzicht auf das Label ist nicht im Sinne des WWF, aber leider die momentane Strategie des Unternehmens.

Von Ikea Deutschland weiß ich, dass man dort selbst unglücklich über die Entscheidung der Ikea-Zentrale ist, nicht mit FSC zu labeln. Für mich ist es vor diesem Hintergrund nicht verwunderlich, dass Ikea-Verkäufer über ein Label nicht Bescheid wissen, das in ihrem Alltag bisher nicht vorkommt.

Insgesamt kann ich dir aber bestätigen, dass Ikea mehrere Projekte des WWF finanziell unterstützt, bei denen es darum geht, FSC in der Fläche zu etablieren (Beispiel Russland, China). 30 Prozent FSC bis 2009 klingt vielleicht gering, doch in absoluten Zahlen ausgedrückt, ergibt das die beeindruckende Menge von 1,9 Millionen Kubikmeter Holz. Diese Nachfrage wird mit Sicherheit eine positive Sogwirkung auf der Fläche nach sich ziehen.

Solltest Du darüber hinaus direkte Informationen von Ikea zu deren Strategie benötigen, habe ich Dir unten den Ansprechpartner für Deutschland genannt. Ikea ist allerdings ein sehr zentral geführtes Unternehmen. Die Entscheidungen für Strategien werden ausschließlich in Schweden gefällt. Ikea Deutschland hat hier relativ wenig Spielraum.
Gruß, J.

Die Kontaktdaten des Umweltbeauftragten von Ikea Deutschland finden Sie bei Bedarf auch im Internet. Er sitzt in Kiel und freut sich mit Sicherheit über viel Post und E-Mails von Lesern dieses Buchs ...

BESSERWISSERBOYKASTEN

Alles so einfach

Es ist schon schade, wenn die Industrie Sachen verspricht, die sie nicht einhält. Der Möbelhändler Ikea, der durch seine Duzerei immer so spaßig rüberkommt, wird wohl auch bis Ende 2009 den Volksfreund Billy nicht zertifiziert haben.

Generell sind Millionen von Menschen durch den Raubbau und die illegale Rodung bedroht. Denn diese Menschen nutzen den Wald entweder direkt, weil sie zahllose Produkte des täglichen Bedarfs aus den Wäldern gewinnen. Oder sie sind indirekt vom Wald abhängig, weil er ihnen Trinkwasser liefert, ihre Siedlungen vor Erdrutschen und Überschwemmungen schützt oder ausgleichend auf das örtliche Klima wirkt und oft Dürrekatastrophen vorbeugt oder sie abmildert. Wer Raubbau-Holz kauft, spart vielleicht ein bisschen Geld, trägt aber dazu bei, Menschen ihren Lebensraum wegzunehmen, die Armut zu fördern, zahllose Tier- und Pflanzenarten auszurotten und die Menschenrechtsverletzungen, Repression und Korruption der Holzmafia mitzufinanzieren.

Anneliese Schmidt erklärt

Die häufigsten Raubbau-Hölzer: Teak, Yellow Balau, Iroko, Keruing, Meranti, Padouk, Sipo, Sapelli, Mahagoni, Bangkirai, Okoume, Bilinga und aus den nordamerikanischen Urwäldern Hemlock, Redwood und Red Cedar.

Baby ich tu's

Ladenketten meiden, die Produkte aus Raubbau-Holz führen. Das sind z.B. Karstadt/Quelle, WalMart, fast alle Gartencenter, einige Baumärkte und die meisten «trendigen» Shops, die in vielen Innenstädten Garten- und Freizeitmöbel verscherbeln. Auch viele Anbieter von Wintergärten, Türen- und Fensterhersteller und Möbelhäuser bieten häufig Raubbau-Holz an.

Paul surft

www.wwfwoodgroup.ch
www.fsc-deutschland.de
www.forestfinance.de

Freitagabend. Mein Handy piepst und meldet eine SMS: «Wir sind im ‹Wild at Heart›. Wann kommst du endlich?» Da ist sie, die Versuchung. Endlich das Wochenende mit Kumpels begießen und den Verstand leer laufen lassen. Sich unter Touristen und stadtbekannte Trinker mischen. Laute Gitarrenriffs zu schüttelnden Köpfen. Wie einfach wäre es jetzt, eine Bin-gleich-da-SMS zu verschicken und diesen einen Termin zu verschieben. Ich versuche, meinen Kopf frei zu bekommen, und erkenne die Gefahr. Trägheit ist nicht umsonst eine Todsünde. Die deutschen Tugenden Fleiß, Disziplin und meine berühmte Pünktlichkeit sind nun gefragt – denn eine weitere Mission möchte erfüllt werden: Ich habe mich für heute Abend telefonisch bei der Bioland-Ranch in Zempow, einem kleinen Kaff im nördlichen Brandenburg, angemeldet. Massentourismus ist nicht nur durch die weiten Flugreisen ein Umweltkiller. Oftmals werden die Touristenhochburgen in vorher unberührte Natur gesetzt. Die Bioland-Ranch verbindet hingegen alternative Übernachtungsmöglichkeiten mit ökologischem Bewusstsein und zeigt, dass man auch umweltbewusst Urlaub machen kann. So sagt es jedenfalls ihre Homepage. Empfohlen haben mir diese «Ferien-auf-dem-Bauernhof»-Variante die Leute vom BUND. Viel mehr als die Startseite der Ranch-Homepage konnte ich auch nicht öffnen, da die weiteren Links der Seite eine Fehlermeldung anzeigten. Ich stehe nun also vollkommen uninformiert und nichts ahnend vor der nächsten Etappe. Reizvoll ist der Gedanke schon, endlich mal eine Alternative zu den genormten und sterilen Hotelzimmern kennenzulernen, die ich jobbedingt schon zu Hunderten aufsuchen musste.

Ganz oben auf meiner persönlichen Hassliste stehen übrigens die Ibis-Hotelkette und das Maritim-Hotel «Reichshof» am Hamburger Bahnhof. Die Ibis-Hotels lernte ich während der Fußball-WM 2006 fürchten, als ich 32 Tage am Stück jeden Abend in einem anderen Ibis-Hotel verbringen musste. Bereits nach der zweiten Nacht wusste ich vor dem Öffnen des neuen Zimmers, welche fürchterliche Farbkombination der Tagesdecke mich erwarten und an welchem immer gleichen Platz sich Telefon, Mülleimer und das Schokotäfelchen befinden würden. Das Maritim-Hotel hingegen hat mich durch seine finstere Ausstrahlung gelehrt, warum so viele Leute ausgerechnet in Hotelzimmern immer wieder auf die absurdeste Weise sterben. Bei mir konnte ich die klassische Pulsader-Variante nur mit größter Mühe verhindern. Höchste Zeit also für eine neue, ökologische Hotelvariante!

Die Bioland-Ranch in Zempow mit Übernachtungsmöglichkeit existiert seit 1997 und bietet in acht Ferienwohnungen 28 umweltbewussten Gästen Platz. Ich wollte schon immer mal als richtiger Ranchtester auftreten. Ist das Öko-Konzept auch konsequent umgesetzt? Oder ist alles nur ein Marketinggag, um gestresste Manager und Familien für angeblichen Seelenfrieden in die Pampas zu locken? Diesem Leitmotiv will ich nachgehen, habe aber ein Problem. Es ist bereits kurz nach 22 Uhr, und es fahren keine Züge mehr nach Zempow. Also doch ins «Wild at Heart»? Ich reiße mich zusammen. Dann muss eben jetzt mein Auto herhalten, die alte CO_2-Schleuder. Die Homepage der Bioland-Ranch liefert mir die perfekte Ausrede: «Nach Zempow reisen Sie, bei aller Sympathie für die Bahn, am besten mit dem Auto», steht da tatsächlich geschrieben. Na, das fängt ja schon einmal konsequent inkonsequent an. Gott sei Dank hat mein Wagen ein Navigationsgerät, denn in der Nacht mit ausgedrucktem Routenplaner und ohne Beifahrer einen Ort zu finden, von dessen Existenz man bis dato noch nicht einmal etwas ahnte, ist definitiv kein Vergnügen. 146 Kilometer, frohlockt die Navigationsdame. Ich bin bereits jetzt müde und befinde mich in der «Streichhölzer-in-den-Augen»-Phase. Nun bloß nicht jammern. Laute Gitarrenmusik aus dem Radio hält mich wach. Die Natur zeigt sich übrigens heute von ihrer zarten Seite und präsentiert mir eine sternenklare Nacht.

Noch 35 Kilometer. Die Straße wird enger und unbequemer. «Belgische Verhältnisse», hätte jetzt mein früherer Fahrlehrer geschimpft, seine Hasstirade auf Straßen mit Pflastersteinen und Schlaglöchern. Plötzlich etwas auf der Fahrbahn. Ich mache eine Vollbremsung und verhindere damit, dass sich der Igel vor mir in einen unästhetischen Brei verwandelt. Das ist löblich. Aber nur möglich, wenn der Hintermann mindestens einen Kilometer entfernt ist.

Noch 20 Kilometer. Nächste Vollbremsung. Nicht mehr ganz so hektisch, denn ich bin gewappnet. Ein kleines Reh springt über die Fahrbahn. Nachdem drei Kilometer später nun auch noch ein Dachs – oder etwas in der gleichen Größe – dem Suizid nahe ist, bremse ich ab jetzt bei jedem Blatt, das auf der Fahrbahn liegt. Die Angst, Mutter Natur ins Handwerk zu pfuschen und ihr ihre Kinder zu nehmen, macht mich paranoid. Sehr zum Ärger meines inzwischen herangesausten, drängelnden und wild hupenden Hintermannes.

Noch fünf Kilometer. Kein Auto mehr weit und breit. Das Schild «Frische Eier nur hier» beweist endgültig, dass ich im Herzen der Natur angekommen bin. Erst nach Mitternacht erreiche ich schließlich den Hof der Bioland-Ranch. War gar nicht schwer zu finden, denn Zempow hat tatsächlich nur eine Dorfstraße. Doch die nächste Herausforderung wartet bereits.

«Immer geradezu, das große Holzhaus, der Schlüssel steckt.» So lauten die einzigen Hinweise auf meine Bleibe, die ich in meiner Bestätigungs-E-Mail auf meine Buchung finde. Leider besteht das Gelände der Ranch aus vielen großen Ferienhäusern, die zudem natürlich alle aus Holz sind. Nach zehnminütigem Rumgekurve entdecke ich ein Haus, in dem noch Licht brennt. Davor steht eine dunkle Gestalt. «Bin vor die Tür, eine rauchen. Meine Familie ging mir auf die Nerven», sagt die ehrliche Männerhaut, die mir tatsächlich den entscheidenden Hinweis auf mein Nachtquartier geben kann. «Da hinten. Aber nehmen Sie auf jeden Fall Ihre Taschenlampe mit. Sonst finden Sie den Eingang nicht. Hat Ihnen das denn keiner gesagt, dass Sie unbedingt eine mitbringen sollen?», ergänzt der kettenrauchende Familienvater. Natürlich nicht. Ohne Taschenlampe stolpere ich in den ersten Stock und entdecke den steckenden Schlüssel. Alles sehr rustikal eingerichtet. Erinnert mich ein bisschen an die kleinen Ferienbungalows an der Nordsee aus meiner Kindheit. Holzmöbel, Holztische, Holzküchenzeile, Holzbett. Allerdings finde ich kein FSC-Siegel, erfahre aber später, dass es das beim Bau der Ranch noch nicht gegeben hat. Der Bestand wird nun aber schon ausgetauscht. So finde ich später das beruhigende Siegel unter Bürohockern. In der Wohnung ist die Toilette einer der wenigen Einrichtungsgegenstände, der nicht aus Holz, sondern aus Keramik ist. Auch die Fliegenklatsche ist aus gewöhnlichem Plastik. Ich schaue auf mein Handy. Kein Empfang. «Perfekt!», denke ich mir und bin, als ich den Fernseher entdecke, fast ein bisschen enttäuscht. Wirklich konsequent und «anders» wäre es gewesen, wenn man darauf verzichtet hätte. Dafür amüsieren mich die Notizen an der kleinen Pinnwand: «Falls Sie bei Ihrer Abreise Fleisch mitnehmen möchten, wenden Sie sich bitte an Frau Lindstädt im Haus 12.» Oder: «Der Bäcker ist da. Morgen zwischen neun und zehn Uhr.

Der Bäcker macht sich lautstark durch Hupsignale bemerkbar.» Na, das wird 'ne kurze Nachtruhe.

Ein lautes Klopfen schreckt mich aus dem Schlaf. «Wir wollen hier jetzt putzen», erklärt mir das Hausmädchen, während ich in Boxershorts vor ihr stehe und mir die Augen reibe. Ein Blick auf die Uhr. Es ist bereits 12 Uhr mittags. Unglaublich, warum hat der hupende Bäcker mich denn nicht geweckt? Und überhaupt, wo bekomme ich nun mein Frühstück her? Auf das muss ich wohl verzichten, denn ein paar Minuten später taucht Uta Lauterbach an meiner Tür auf. «Na, ausgeschlafen?», begrüßt mich die Umweltpädagogin der Ranch. Uta – die Dame hat mir sofort das Du angeboten – hat gehört, dass ich angekommen bin, und da sie u. a. für Führungen zuständig ist, möchte sie mir meine wichtigsten Fragen beantworten. Schnell packe ich meine Klamotten in die Reisetasche und gebe das Zimmer für die geduldig wartende Putzfrau frei.

«Wie viel Bio steckt wirklich in dieser Ranch?», eröffne ich das Gespräch. «Unsere Holzhäuser sind alles Niedrigenergiehäuser, die das jeweilige gesetzlich geforderte energietechnische Anforderungsniveau unterschreiten und mit unbehandelter Lärche verkleidet sind. Außerdem sind sie mit einer Hackschnitzelheizung ausgestattet.» Diese Energieanlage ist schon jetzt mein Lieblingsbegriff auf meiner Tour. Als Vegetarier mag ich weder Hack noch Schnitzel, doch die Hackschnitzelheizung gilt als umweltneutral, denn die Menge an CO_2, die bei der Verbrennung freigesetzt wird, entspricht genau der Menge CO_2, die beim Wachstum der Hölzer in diese eingebunden wurde. Zudem gewinnt die Bioland-Ranch ihr Brauchwasser aus einer eigenen Schilf-Kläranlage, deren Funktion man sich folgendermaßen vorstellen kann: Das gesamte Abwasser durchläuft mehrere Schilfbecken und wird dadurch geklärt, ganz ohne Chemo-Keule. «Es ist ja allgemein bekannt, dass Tiere nur sehr sauberes Wasser trinken, und unser Wasser ist so gut, dass unsere Pferde es förmlich saufen», ergänzt Uta, die Tochter eines Försters, die mich jetzt zu einer kleinen Führung einlädt. Erster Programmpunkt: zu den Bio-Schweinen. Gleich nebenan befindet sich ein Schweinestall mit viel Auslauf, voll von quietschfidelen Borstenviechern. Es hat so gar nichts von den industriell perfektionierten Aufzuchtanstalten, die ich aus Fernsehreportagen kenne. Hier herrscht eher «Heidi» als «Stern TV». Die kleinen Ferkel verbringen hier die glücklichsten drei Monate ihres Lebens. Dann ruft die Schlachtbank. Ich erinnere mich an die Notiz in meinem Zimmer: «Frau Lindstädt im Haus 12.» Irgendwo muss die Ware ja herkommen.

Zweiter Programmpunkt: zu den Bio-Rindern. Ungefähr 650 Rinder gehören der Ranch und grasen auf verschiedenen Weiden rund um die Ranch verteilt. «Auf in den Jeep!», befiehlt Uta.

Es wackelt mächtig, als sich der Jeep mit einem sportlichen Tempo über die Grünflächen kämpft. Da sehen wir auch schon die erste Herde. Muttertiere mit ihren Kälbern, die im Gegensatz zu den Schweinen dreimal so lang glücklich sein dürfen, bevor die Messer gewetzt werden. Das Erstaunliche: Die Herde wird überhaupt nicht unruhig, als wir uns mit dem lauten Jeep nähern, sondern kommt vielmehr neugierig zum Fahrzeug gelaufen und gruppiert sich um den Jeep. Eingezäunt von schnaufenden Rindern, genau so habe ich mir meine Mittagsruhe vorgestellt. «Die kennen das Auto. Bei einem anderen Gefährt würden die jetzt aggressiv werden», klärt mich Uta auf und verkündet auch gleich den Höhepunkt: «Bei meinen Touren dürfte jetzt normalerweise kein Gast aussteigen. Aber du darfst das.» Na, phantastisch. Genau das war meine Befürchtung: Raus zu den Rindern, die eng gedrängt um den

Wagen stehen und sich am besten noch von mir nassforschem Rindvieh umstoßen lassen. Ich lasse mir aber nichts anmerken und öffne die Tür. Respektvoll entfernen sich die Rinder und erlauben mir auszusteigen. Tatsächlich schauen sie nur interessiert, weichen aber jedes Mal zurück, wenn ich ihnen zu nahe komme. Ein Sicherheitsabstand von 50 Zentimetern bleibt somit immer gewahrt. Ein kleines, etwas zu neugieriges Kalb lässt sich aber geduldig streicheln und schaut mich mit großen Kulleraugen an. «Noch fünf Monate, dann liegst du als Bockwurst bei Frau Lindstädt im Laden», denke ich. Uta erklärt mir derweil an einem sehr griffigen Beispiel einen der vielen Unterschiede zwischen Massentier- und Weidehaltung: «Wenn die Mutterkühe bei uns kalben, geschieht das hier in Ruhe auf der Weide. Wenn nur ein Mensch den Mutterkühen dabei zuschaut und diese sich beobachtet fühlen, verlängert sich der gesamte Geburtsvorgang um 45 Minuten. Bei Massentierhaltung kann die Geburt aber fast nur per Kaiserschnitt stattfinden: Eine normale Geburt ist gar nicht möglich, da die Tiere so unter Stress stehen. Unfassbar.»

Weiter geht es im Jeep, denn Uta möchte mir noch die sechs Zuchtbullen vorstellen, die die 300 Mutterkühe unter sich aufteilen dürfen. Ein Knochenjob. Als wir am Gehege auftauchen, stutzt Uta plötzlich: «Moment mal. Da sind ja nur zwei. Wo sind die restlichen vier? Nicht dass die wieder ausgebüxt sind!» Weder auf der Straße noch auf den anderen Weiden ist aber ein Lebenszeichen zu entdecken. Uta wird etwas unruhig. «Mit einem Zuchtbullen ist nicht zu spaßen. Na ja, ich such die später.» Vorher berichtet mir Uta zu meiner Bestürzung von dem möglichen Ende der Bioland-Ranch, denn nur zwei Kilometer entfernt befindet sich ein Bombenabwurf- und Schießplatz, den die Bundeswehr seit 1991 in Betrieb zu nehmen versucht. «Das bedroht unsere Existenz. Wenn das wirklich kommt, ist diese Landschaft leer und der Hof müsste dichtmachen, da der Ökolandbau und Tourismus nicht mehr stattfinden könnte», betont Uta. Grund ist natürlich erstens die massive Lärmbelästigung der tief fliegenden Kampfflugzeuge, die jegliche Touristen verschrecken würde. Weit über 70 Starts und Landungen pro Tag werden erwartet, da der Bombenabwurfplatz, «Bombodrom» genannt, nicht nur auf Bundesebene geführt, sondern gleich unter das Kommando der gesamten NATO gestellt werden soll. «Es gibt auch noch keine Studie über die Verhaltensweisen der Tiere bei dieser gigantischen Lärmbelästigung», ergänzt Uta. Der zweite Grund der Existenzbedrohung ist nicht minder dramatisch: «Das Kerosin ist nach zwei Monaten im Fleisch der Rinder nachweisbar. Das gilt ebenso für das Gemüse.» Somit würde die Ranch nicht nur sofort ihr Bioland-Siegel verlieren, sondern zudem wäre in der gesamten Region ökologischer Landbau nicht mehr möglich. Ein Skandal. Doch die Bürger wehren sich, und nur ihrem gewaltigen Protest ist es zu verdanken, dass die Bundeswehr sich bis heute nicht durchsetzen konnte. Ein gutes Beispiel dafür, was jeder Einzelne bewirken kann. «Gestartet sind wir 1991 mit nur dreißig Leuten», erzählt Uta. Zur letzten Osterdemo gegen das Bombodrom kamen 17 000 Menschen. «Selbst die Politiker sind jetzt auf unserer Seite. Ein paar Herren von der CDU mal ausgenommen.» Zudem zogen die Bürger vor Gericht. «21-mal haben wir gewonnen. Zweimal die Bundeswehr. Das letzte Urteil wird wohl in Brüssel fallen.»

Die Gemeinden und Bürger müssen die Verfahrenskosten jeweils selbst tragen, die Bundeswehr bezahlt sie durch Steuergelder. Die protestierenden Bürger finanzieren somit durch ihre Steuern ihren eigenen möglichen Untergang. Ich verspreche Uta bei meinem Abschied, diese Fakten in meinem Buch zu erwähnen, um wenigstens ein bisschen helfen zu können.

«Es ist wichtig, dass die Medien endlich über uns berichten. Dieses Problem muss ins öffentliche Bewusstsein», sagt Uta bei meinem Abschied.

Ich hoffe, sie hat die Zuchtbullen mittlerweile wieder gefunden, zumindest ist mir bei meiner Rückfahrt weder ein Bulle noch ein Igel vor das Auto gelaufen. Meine Reise sollte mich nun wieder zurück nach Berlin führen, wo es tatsächlich Orte gibt, die ähnlich verlassen sind wie Zempow ...

BESSERWISSERBOYKASTEN

Alles so einfach

Unabhängig davon, dass viele Mallorca für ein deutsches Bundesland halten, weil es das erklärte Lieblingsurlaubsziel der Deutschen ist, lohnt sich ein Urlaub in Deutschland allemal. Es muss ja nicht der komplette Jahresurlaub auf einem Öko-Bauernhof verbracht werden, aber bevor es wieder einmal in eine dieser Touristenhochburgen geht, wo Urlaub zum Stress wird, ist ein Öko-Urlaub eine lohnende Alternative. Übrigens: Ein Mallorca-Urlauber setzt allein nur durch seinen Hin- und Rückflug 860 kg CO_2 frei. Das entspricht der Jahresemission eines Inders. Ein Jahr Autofahren mit einem Mittelklassewagen setzt im Übrigen 2000 kg CO_2 frei.

Anneliese Schmidt erklärt

Während man in Zempow wohl wirklich von glücklichen Rindern sprechen kann, gilt dies für das meiste Schlachtvieh nicht. Aus Massentierhaltung stammt so ziemlich jede Leberwurst oder Salami aus dem Kühlregal. Massentierhaltung ermöglicht hohe Gewinne für die Produzenten, weil Personalkosten minimal sind. Aufgrund der beengten Haltung und der Züchtung auf Leistung sind die Tiere krankheitsanfälliger, was zu einem höheren Einsatz von Arzneimitteln wie zum Beispiel Antibiotika führt. Am Ende kann das auch für den Menschen nicht gesund sein.

Baby ich tu's

Vor der Urlaubsbuchung die CO_2-Emission berechnen und ein alternatives Ziel wählen oder zur Beruhigung ein entsprechendes Öko-Projekt unterstützen. Die Ausgleichszahlung für einen Mallorca-Flug beträgt 19 Euro. Das Beste allerdings ist: unnütze Flüge vermeiden und Urlaub lieber in der Heimat buchen.

Paul surft

www.atmosfair.de
www.greenmiles.de
www.klimaschuetzen.de

Kein Mensch zu sehen. Lange Gänge, viele Büros, aber Totenstille. Atmosphärisch eine Mischung aus dem Haus des Films «Shining» mit Jack Nicholson und einem alten Stasi-Bau. Ich befinde mich im Umweltbundesamt. Seltsam, dabei hatte der Pförtner von über zweihundert Menschen gesprochen, die hier arbeiten würden. Ich irre bereits seit zehn Minuten durch die Flure und suche Büro Nr. 1101. Und noch immer ist mir keine Menschenseele begegnet, noch nicht einmal die typische Kaffee holende Sekretärin oder der Praktikant mit Kopierpapier in der Hand. Wirklich etwas unheimlich hier. Man erwartet förmlich, dass hinter jeder Ecke ein Untoter lauert, den es nach frischem Blut dürstet. «Hier will und kann man doch nicht arbeiten», schießt es mir durch den Kopf. Doch, man kann. Zumindest Edda Müller, die von 2001 bis Juli 2007 Vorstand des Bundesverbandes der Verbraucherzentralen und von 1994 bis 1996 Umweltministerin des Landes Schleswig-Holstein war. Momentan arbeitet sie aber genau hier für das Prüfsiegel «Blauer Engel». Viele kennen es wahrscheinlich von ihrem Klopapier. Das 1978 eingeführte Prüfsiegel wird besonders umweltschonenden Produkten oder Dienstleistungen verliehen.

Edda Müller soll mir sagen, welche Macht wir als Verbraucher beim Klamottenshoppen haben. Sind wir beim Kauf von Kleidung ähnlich wehrlos wie beim Kauf von Burgern? Das Konsumverhalten ist immer ein wichtiges Thema im N-Rat gewesen. Beispielhaft will ich mich neben der Nahrungs- nun auch der Bekleidungsindustrie widmen: Wie können wir uns gegen

Kleidung wehren, die unter unmenschlichen Arbeitsbedingungen in Billiglohn- und Entwicklungsländern produziert wurde? Fehlende Tarifverträge, lange Arbeitszeiten und Kinder, die als billige Arbeitskräfte ausgebeutet werden, machen Schnäppchenpreise möglich. Erst heute Morgen habe ich folgende Sätze im neuen Werbespot eines Textil-Discounters gehört: «Jetzt spottbillig. T-Shirts für nur drei Euro. Und Jeans ab 5 Euro. Klar und clever kaufen bei ...» Das Wort «Ramsch» haben sie dabei leider nicht erwähnt, auch nicht die unmenschlichen Arbeitsbedingungen der Näherinnen in Bangladesch. Und erst recht nicht den CO_2-Wert, den die Ware anhäuft, bis sie fertig produziert ist. Der Verbraucher ist demnach nicht auf einer Augenhöhe mit dem Hersteller: Es mangelt definitiv an Transparenz, denn bislang steht nur der Preis auf dem kleinen Schildchen. Zwar schwimmen einige Hersteller jetzt mit auf der Öko-Welle und präsentieren sogar Öko-Jeans aus Bio-Baumwolle, aber selbst das sagt nichts über die Produktionsbedingungen aus, diese bleiben in den meisten Fällen «unsichtbar».

Zimmer Nr. 1105. Bin ich jetzt zu weit gegangen? Plötzlich öffnet sich eine Tür hinter mir, und Edda Müller streckt mir ihre Hand entgegen. Meine Schritte haben offensichtlich einen Lärm erzeugt, den man nicht oft in diesen Gängen hört. Meine erste Frage bringt Frau Müller etwas aus dem Konzept: «Woher weiß ich, dass an meiner Kleidung und an meinen Sportschuhen kein Kinderblut klebt?» – «Das ist sehr schwer. Sie müssen selbst recherchieren, und das ist bei der momentan vorhandenen Informationspolitik nicht einfach. Einschlägige Wirtschaftskreise verhindern systematisch verbindliche Informationslisten. Europäische Marken, die in Billiglohnländern herstellen lassen, haben kein Interesse an Transparenz», fasst Edda Müller zusammen. Die Politik ändert an dieser Tatsache wenig, denn Verbraucherthemen spielen im Wahlkampf keine

Rolle, weil die Wirtschaft mit gefährdeten Arbeitsplätzen argumentiert, falls sie ökologische Aspekte bei der Produktion berücksichtigen müsste. Letztlich sei die Politik nur ein Spiegelbild dessen, was sich in der Gesellschaft abspiele.

Ich bin etwas verwundert. Es kann doch den Konsumenten nicht völlig egal sein, was sie kaufen. «Die Aussagen und das tatsächliche Handeln der Verbraucher klaffen leider weit auseinander», kontert Müller. Mag sein, doch beispielsweise bei der Ernährung haben sich Bio-Produkte längst durchgesetzt, warum nicht auch Bio-Textilien in der Bekleidungsbranche? «Die Leute müssen anders konsumieren. Lieber wenige, dafür aber hochwertige T-Shirts, als alle naselang ein neues», fordert Müller und ergänzt: «Der Verbraucher hat Macht.» Genau das wollte ich hören. Jeder Einzelne von uns hat Einfluss und kann mit seiner Konsumentscheidung einiges bewegen. Am besten funktioniert das natürlich in Zusammenarbeit mit den Medien und Organisationen, die Unternehmen mit bestimmten Studien öffentlich ächten. Beispiel: die Pestizidstudie von Greenpeace aus dem Jahr 2007. In dieser tauchten viele Lidl-Produkte mit erhöhten Pestizidwerten auf. Sofort wurde daraus ein Aufregerthema in den Medien, alle berichteten, von «Tagesthemen» bis «Stern TV». Mit der Folge, dass innerhalb von wenigen Tagen der Absatz von Obst und Gemüse um 40 Prozent einbrach. Und das bei den geizigen Schnäppchenkäufern von Lidl. Daraus hat der Konzern gelernt: Seitdem schreibt Lidl seinen Anbietern vor, 30 Prozent unter dem gesetzlichen Grenzwert für Pestizide zu bleiben. Sonst setzt es einen blauen Brief. Sogar Rewe hat mittlerweile nachgezogen.

Es geht aber auch ohne großen Skandal. Edda Müllers These ist folgende: «Es reichen drei bis vier Prozent der Verbraucher aus, damit sich Marktanteile verschieben. Jedes Unternehmen steht in einem harten Wettbewerb, in dem sich alles darum dreht, dem Konkurrenten Kunden abzujagen. Da können wenige Prozente das Marktangebot verändern. Der Bio-Markt, in den inzwischen selbst Discounter eingestiegen sind, ist ein Beispiel.» Hätte nie gedacht, dass bereits drei Prozent ausreichen, denn diese mickrige Prozentzahl würde auf politischer Ebene noch nicht einmal den Einzug in den Bundestag bedeuten. Was daraus folgt? Das Leitmotiv eines jeden Jedi-Ritters: Nutze die Macht. Edda Müller nennt das «selbstbewusste Verbraucher». «Wir brauchen Verbraucher, die fordern, fragen und sich nicht abspeisen lassen. Einfach in den Laden gehen und nachhaken, und wenn der Verkäufer nicht weiß, wo das Produkt herkommt oder wie es hergestellt wurde, muss man sagen: ‹Dann rufen Sie Ihren Geschäftsführer an.› Und wenn der es nicht weiß, sollte man sich die Adresse des Konzerns geben lassen und sich schriftlich beschweren.» Es geht also darum, Feedback zu geben. Nur zu gucken und den Laden wieder zu verlassen ist zu wenig. Besser: erst die Botschaft loswerden und dann NICHT kaufen. Ein sehr hehres Ziel, das sich im Alltag aber wohl nur schwer umsetzen lässt. Dann wäre ich ja dauernd damit beschäftigt, mich beim Einkauf lauthals mit Geschäftsführern anzulegen, und käme abends heiser und wohl auch entmutigt aus der Fußgängerzone zurück. Doch von Zeit zu Zeit sollte es möglich sein, und genau das werde ich jetzt austesten. Ich verabschiede mich also von Edda Müller und kämpfe mich erneut durch die leeren Gänge des Umweltbundesamts. Unten an der Rezeption frage ich den Pförtner noch einmal, wie viele Menschen denn hier jeden Tag arbeiten würden. «Wie gesagt, so über zweihundert Personen. Ist immer ganz schön viel los hier», schnauft der Mann mit dem Schnauzbart. Ich verkneife mir einen Kommentar und eile zum Hauptbahnhof, um meinen Zug nach Hamburg pünktlich zu erreichen.

BESSERWISSERBOYKASTEN

Alles so einfach

Der mündige und aktive Bürger ist gefragt. Aktiv zu sein heißt hierbei nicht zwingend, auf die Straße zu gehen, sondern kann auch zu Hause stattfinden. Beschäftigen Sie die Kommunikationsabteilungen der großen Firmen mit Ihren Fragen. Dabei gilt: Aufgeben gibt es nicht. Wenn eine Firma nach zwei Wochen nicht geantwortet hat, noch einmal Kontakt aufnehmen und den Finger in die Wunde legen. Auch den Bekanntenkreis aktivieren, denn je mehr Bürger die immer gleichen Fragen stellen, umso mehr sind die Konzerne gezwungen, auf quälende E-Mails oder Anrufe zu reagieren. Doch die Aktivitäten sollten auch bei der Basis und nicht nur in den Konzernzentralen stattfinden. Egal, was Sie kaufen: Fragen Sie die Verkäufer nach Ursprung, Herstellungsverfahren oder Lieferbedingungen.

Anneliese Schmidt erklärt

Das Umweltbundesamt (UBA) ist nicht nur die zentrale Umweltbehörde des Bundes, sondern berät ihn auch in nahezu allen Fragen des Umweltschutzes.

Baby ich tu's

Nehmen Sie sich vor, mindestens einen Tag lang Ihre Einkäufe bei den Verkäufern zu hinterfragen. Bei Lebensmitteln: Wo kommen sie her? Bei Kleidung: Wie wird sie hergestellt? Bei Reinigungsmitteln: Wie umweltfreundlich sind sie?

Paul surft

www.umweltbundesamt.de

www.verbraucherschutzkompass.de

www.eco-world.de

Ich sitze im Großraumwagen mit einigen Bravo-Zielgruppenmitgliedern in Richtung Hamburg und denke noch immer an die Sätze von Frau Müller: «Das Beste, was man bei Kleidung machen kann, um die Umwelt zu schonen, ist secondhand zu kaufen.» Schmunzelnd muss ich an meine jüngere Schwester denken, die bereits mit sieben Jahren ein ausgeprägtes Modebewusstsein an den Tag legte und es unter Protest ablehnte, meine Sweatshirts aufzutragen. Gewiss geschah dieses Rotationsprinzip nicht aus Umweltbewusstsein von Mutter Schlegl, sondern eher, um die Familienkasse zu entlasten. Doch meine Schwester zeigte sich solch ökonomischen Argumenten gegenüber alles andere als aufgeschlossen. Hätte ich mich in ihrer Situation aber wohl auch nicht. Es war mir schon in meiner Anfangszeit beim Musiksender Viva zuwider, Kleidung aus dem Senderfundus zu tragen. Die ganzen hippen Klamottenfirmen stellten damals der Moderatorengemeinschaft ihre neuesten Kollektionen zur Verfügung. Allerdings mit dem Nachteil, dass wir die schönsten Sachen nicht behalten durften, sondern sie, damit sie möglichst oft im Fernsehen zu sehen waren, immer wieder zurückgeben mussten. So konnte man Mola gerne auch mal im gleichen Hemd wie Aleksandra Bechtel bewundern.

Da Jugendliche immer wieder neue Sachen tragen wollen, könnte man ja in jeder Stadt einen solchen Fundus einrichten, denke ich mir und trage diese – nicht ganz ernst gemeinte – Idee den lärmenden Jugendlichen neben mir vor. «Hast du 'nen Schaden, Alter? Das Zeugs will ich selber tragen und auf keinen

Fall meine Jacke weitergeben, damit der nächste Woche damit rumrennt.» Es hat sich also nichts geändert – die Jungs redeten wie meine Schwester vor über zwanzig Jahren ... So vernünftig das Tragen von Altkleidern wäre, es ist wohl nicht durchsetzbar – zumindest nicht in unseren Regionen.

Also mache ich eine kleine Umfrage bei der Gruppe, um zu wissen, was denn gerade so angesagt ist bei den unter 20-Jährigen. H & M, war die einhellige Meinung. Zwei Mädels versuchten sich abzuheben und nannten Zara, ein ganz Witziger versuchte es mit C & A. Da das innerhalb der Gruppe nicht so gut ankam, entschied er sich auch ganz schnell für H & M. Auf sein S.Oliver-Shirt angesprochen, erklärten alle, dass das eigentlich nicht geht. Bei den Sportfirmen lag Nike klar vorn, den Mädels war noch ganz wichtig, die Schuhe von Gola zu erwähnen.

Mit diesem Wissen schlendere ich durch die Hamburger Innenstadt und entscheide mich, als Erstes dem Umfrage-Spitzenreiter H & M einen Besuch abzustatten. Was tut ein solches dem Trend unterworfenes Unternehmen wohl für die Zukunftsfähigkeit? Nach meinen Erfahrungen mit Ikea, ebenso wie H & M auch schwedisch und bei allen Mitgliedern der «Generation Playstation» ganz hoch im Rennen, waren meine Erwartungshaltungen nicht gerade hoch.

Ich betrete eine Filiale und steuere schnurstracks auf einen Ständer mit den aus der Werbung bekannten «Öko-Jeans» zu. Auf den ersten Blick gibt es nichts auszusetzen. Die Klamotten sind laut Auszeichnung aus ökologisch angebauter Baumwolle. Doch das reicht mir noch nicht. Ich wende mich an eine Verkäuferin, die mich irritiert anschaut, als ich sie frage, was denn an der H & M-Ökolinie ökologisch ist. Sie atmet schwer und rennt weg. Einige Minuten später erscheint eine Kollegin: «Sie haben eine Frage?», lächelt sie mich an. Ich wiederhole mein Anliegen. Und wieder werde ich angeschaut, als ob ich ihr gerade gesagt habe, dass sie aber einen schönen Damenbart hätte. «Da muss ich mal meine Kollegin fragen» – doch auch Kollegin Fenja weiß nicht weiter. «Folgen Sie mir bitte?», fragt sie, und devot schleiche ich ihr hinterher, bis wir zum Kassentresen kommen. Dort wird der nächste Versuch unternommen, meinen Wissensdurst zu stillen, und die Dame, die tatsächlich einen kleinen Damenbart trägt, was ich aber nicht kommentiere, weiß weiter: «Hier ist die Telefonnummer unserer Presseabteilung, die helfen Ihnen weiter.» Geknickt schlendere ich aus dem Shop.

Ich entdecke das S.Oliver-Logo an einer Fassade, gehe in den Laden und unternehme einen weiteren Versuch, mich vor Ort über zukunftsfähigen Konsum schlau zu machen. Die Verkäuferin, die ich anspreche, hat ihren ersten Tag und kann mir nicht weiterhelfen. Doch auch ihre Kollegin schaut mich nur fragend an. Immerhin wendet sie schnell den Trick mit der Presseabteilung an, und ich bekomme einen Zettel mit einer Düsseldorfer Telefonnummer in die Hand gedrückt.

In meinen Notizen entdecke ich noch die Firmen Zara und C&A. Bei Zara irrlichtere ich eine halbe Stunde durch den Verkaufsraum, ohne dass sich auch nur eine Verkäuferin um mich kümmert. Es scheint sich niemand zu wundern, warum ich als Mann die ganze Zeit in der Damenabteilung zubringe und mir die Innenetiketten anschaue. Von «Made in Kambodscha» über Polen bis Portugal ist alles dabei.

Enttäuscht angesichts der Tatsache, dass mir bei Zara offensichtlich niemand zutraut, dass ich etwas kaufen oder beraten werden möchte, verzichte ich hier auf einen weiteren Kontaktversuch. Diese Recherchetour scheint eh zu einem Desaster zu werden. Schlimmer kann es wohl nicht mehr kommen, und ich entschließe mich, mir bei C&A den Rest zu geben.

In die Läden dieser Kette brachte mich Mutter Schlegl früher immer nur unter Androhung einer Taschengeldkürzung. Mit Klamotten der Marke C&A starrten einen die Mitschüler immer an, als hätte man Ganzkörperakne. Es war nicht gerade cool, von hier seine Pullover geliefert zu bekommen, aber es war immer preiswert. Und das ist wohl auch heute noch so. Denn zwanzig Jahre, nachdem ich das letzte Mal einen C&A von innen gesehen habe, entdecke ich gleich im Eingangsbereich T-Shirts für vier Euro. Hier wird es ein Leichtes sein, Missstände aufzudecken, denke ich mir, und laufe gleich der ersten lächelnden Verkaufsdame in die Arme. Locker ziehe ich meine schwerste Waffe und stelle meine Ökofragen. Doch Aygül lächelt mich immer noch an und fragt mich, ob ich einen Moment Zeit hätte, sie müsste kurz den Stapel Pullover wegbringen und würde mir dann weiterhelfen. Es dauert keine zwei Minuten, und sie kommt mit einer Broschüre in der Hand zurückgeschwebt. «Hier steht alles drin, was Sie interessieren dürfte!» Tatsächlich informiert und überrascht mich die Broschüre zugleich. Ich lese, dass C&A unter strengen, teilweise selbst auferlegten Standards seine Kleidung produzieren lässt. Da gibt es den ÖkoTexStandard 100, «der international anerkannt ist und strenge Grenzwerte für die Inhaltsstoffe von Textilien vorschreibt», damit sie hautfreundlich produziert werden. Schnell zeigt mir Aygül einige modische Stücke, die allesamt das vermeintlich begehrte Siegel tragen, und erzählt mir, dass C&A auf diesem Gebiet noch viel mehr plant. Ich traue diesen ganzen Siegeln nicht, denn jedes Konsumfeld hat mittlerweile eine Palette von eigenen Auszeichnungen, und nur wenige, wie beispielsweise FSC bei Holz, sind ehrlich. Da verliert man schnell den Durchblick, und das ist von den Herstellern wohl auch ein bisschen so gewollt.

Auch Kinderarbeit schließt C&A für die Herstellung seiner

Klamotten aus. «Wahrscheinlich aber auch nur bis zum nächsten ‹Panorama›-Bericht», denke ich mir. Aygül scheinen diese Themen wirklich zu interessieren, obwohl vieles von dem, was sie sagt, zu auswendig gelernt klingt. Was mir aber immer noch besser gefällt als das Desinteresse der Hühner von H & M.

Aygül will sich nicht mal mit der Presseabteilung herausreden, sondern kann mir alle meine Fragen beantworten oder lässt die Broschüre für sich sprechen. Ihre offene Art und ihr Interesse an den Herstellungsbedingungen der Kleidung hat mir ein bisschen den Tag gerettet. Natürlich kann ich auf meinem Kurztrip in das Fashion-Wunderland nicht komplett überprüfen, wie seriös die Aussagen sind. Genau das ist auch das Problem der Internetseite von H & M. Sie trifft eine Vielzahl von zunächst beruhigenden Aussagen wie: «H & M unterstützt ‹The Global Compact› – zehn Prinzipien für ein Agieren von Unternehmen in Bezug auf Menschenrechte, Arbeitsnormen, Umweltschutz und Korruptionsbekämpfung.» Sie sprechen sich auch gegen Kinderarbeit aus und fördern den Umweltschutz. Ob H & M nun aber wirklich Vorreiter in Sachen ökologisch und sozial korrekt produzierter Kleidung ist, bezweifele ich. Laut der Homepage beschäftigt der Konzern fünfzig Inspekteure, die die Einhaltung der Bestimmungen unangemeldet überprüfen. Wenn man aber zugrunde legt, dass die Ware in mehr als 2000 Produktionsstätten gefertigt wird und dabei 700 000 Menschen involviert sind, wirken fünfzig Kontrolleure doch eher wie ein Tropfen auf den berühmten heißen Stein. Noch immer wird ein T-Shirt, das im Laden zwischen fünf und neun Euro kostet, beispielsweise in Asien produziert. Wenn man nun bedenkt, was ein Flugticket oder auch nur ein Paketversand dahin kostet, weiß man auch, dass hier die Rechnung auf dem Rücken der sogenannten Billiglohnländer gemacht wird. Überstunden und bei weitem nicht so gute Arbeitsbedingungen, wie wir sie hier in Deutschland gewohnt sind, gestehen auch die Textilkonzerne H & M und C & A in ihren Informationen ein. Die Menschen, die die Textilien nähen, sind meist jünger als die, die sie tragen. Fünfzehnjährige zählen nicht mehr als Kinderarbeiter ...

Doch wenn ausgerechnet H & M und C & A zumindest so tun, als wären sie vorbildlich, was ist dann eigentlich mit den bekannten Öko-Mode-Anbietern? Ich gebe zu, dass ich mich vor meiner Reise noch nie dafür interessiert habe, also muss Google mir helfen. Unter den Suchbegriffen «Öko» und «Mode» wird mir als Erstes die Firma Hess Natur angeboten. Ich klicke den Link an und finde mich auf der Seite eines Internetversenders für Öko-Mode wieder. Mit als Erstes entdecke ich eine Anzeige, die mir signalisiert, wie viele Quadratmeter Erde Hess Natur bisher durch seine Aktivitäten für die Umwelt gerettet hat. Wer so auf die Pauke haut, hat etwas zu verbergen, denke ich mir mit meinem üblichen Misstrauen. Warum sollte ich durch den Kauf von Pullovern die Erde retten? Da macht meine dauerstrickende, aber kettenrauchende Tante Gisela wohl mehr für den Umweltschutz als Hess Natur. Die Firma lädt mich aber auch zur Eröffnung eines neuen Ladens in Hamburg ein. Ich kann mich kaum entscheiden: Soll ich diesen Quatsch mit der geretteten Erde weiterverfolgen oder gleich ins Öko-Mode-Himmelreich einfahren? Die Klamotten auf der Seite beobachte ich mit dem gleichen Gefühl wie vor zwanzig Jahren die C & A-Auslage. Das weckt meine Neugier, und ich entschließe mich zu dem Ladenbesuch. Leider die falsche Entscheidung, denn als ich ein paar Tage später wieder auf der Hess-Seite bin, ist die «Wir retten die Erde»-Anzeige verschwunden. Schade, ich wäre dem gerne weiter nachgegangen, um herauszufinden, was sich dahinter verbirgt.

Mein Besuch im neu eröffneten Shop bringt Erstaunliches zutage: Ähnlich wie bei Zara entdecke ich nach einem kurzen

Check mehr als ein Dutzend Herstellungsländer auf den Etiketten: Litauen, Griechenland, Polen, Ukraine, Kroatien, Portugal, Dänemark, Schottland, Italien, Slowakei, Mongolei, Peru, China ... Auf der Webseite klingt das noch anders: «Hess Natur hat seinen Produktionsschwerpunkt in Europa. Die Ware hat kurze Wege.» Apropos Etiketten: Die Preisschilder sind mit Plastikbändern angebracht.

Auch die Ladeneinrichtung lässt ökologisch zu wünschen übrig: Mein Holzfreund Graf Hatzfeldt wäre wohl beim Anblick des mit Plastik überzogenen Pressholzes dem Herzinfarkt nahe. Auch die vielen TV-Geräte im Laden, die blühende Landschaften in der Dauerschleife zeigen, sind als Stromfresser alles andere als umweltfreundlich. Keine Frage, diese Firma hat gute Ansätze und Ansprüche, aber ein Unternehmen, das mit dem Begriff «Natur» in seinem Namen wirbt, sollte mehr bieten und den vielen schönen Sätzen auf der Webseite auf *allen* Ebenen Taten folgen lassen. So wie ich am nächsten Morgen, denn es geht mal wieder auf große Fahrt ...

BESSERWISSERBOYKASTEN

Alles so einfach

Unbedenkliche Kleidung zu kaufen ist wohl ähnlich kompliziert wie einen Faden in eine Nähnadel einzufädeln. Das Beste ist natürlich, selbst zu stricken. Doch wer einigermaßen modisch daherkommen möchte, verzichtet gerne auf den Wollpulli. Es geht also am Ende um Schadensbegrenzung. Ein Blick ins Etikett kann helfen. Vertrauen Sie allerdings nicht jedem Siegel (siehe auch «Paul surft»), sondern nur den anerkannten.

Anneliese Schmidt erklärt

Mehr als zehn Kilogramm Stoff kauft jeder Deutsche im Jahr in Form von Kleidung. Ob sie jedoch wirklich umweltverträglich hergestellt wurde, verraten die wenigsten Etiketten. So ist zum Beispiel der Begriff Öko-Mode nicht geschützt. Entsprechend viel irreführende Werbung wird damit betrieben!

Baby ich tu's

Gehen Sie ins Internet und schauen Sie sich die Webseiten der großen Bekleidungshersteller an. Auf Unterseiten finden Sie überall Bekenntnisse zu einem vernünftigen Handeln (Social Report, Unternehmensverantwortung). Vergleichen Sie diese Bekenntnisse mit der Realität. Gibt es Unterschiede? Werden Siegel oder Abkommen versprochen, die dann doch an einigen Kleidungsstücken fehlen? Fragen Sie in den Filialen nach! Ansonsten hilft ein kurzer Anruf bei unseren Freunden von BUND oder Greenpeace.

Paul surft

www.saubere-kleidung.de
www.label-online.de
www.oeko-tex.com

Meine Schwester macht endgültig ernst. Heute zieht sie definitiv um. Nachdem sie sich bereits einen neuen FSC-Siegel-freien Schreibtisch bei Ikea gegönnt hat, der glücklicherweise schon in der neuen WG steht, wird heute geschleppt. Das Problem dabei: Sie besteht auf meine Hilfe. Sie hat nämlich bisher nur weibliche Schlepper, bräuchte aber für die schweren Stücke noch männliches Muskelfleisch. «Du bist mein Bruder. Du musst mir helfen.» So schlicht wird an dieser Stelle argumentiert. Diese Aussage kann man natürlich nicht verneinen, und da kann man auch nicht verhandeln. Ich muss also heute noch irgendwie nach Hannover kommen. Eigentlich hatte ich einen anderen Termin: den Besuch einer «globalisierungskritischen Stadtführung» in Hameln, von der ich zufällig durch einen BUND-Info-Stand in der Kölner Fußgängerzone erfahren habe und unbedingt wissen will, was sich dahinter verbirgt. Es müsste doch möglich sein, beides zu kombinieren. Ich vertröste also meine Schwester auf den späten Nachmittag und fahre zuerst in die Rattenfängerstadt. Ich will wissen, ob Jugendliche durch solch eine Stadtführung tatsächlich bereit sind, ihr Konsumverhalten zu ändern. Welche Argumente bringen die Stadtführer gegen Globalisierung vor, und welche neuen Informationen halten sie für mich bereit?

Wie oft habe ich als Kind diesem grausamen Märchen mit allerhöchster Spannung gelauscht: Ein wunderlicher Mann, gekleidet in buntem Tuch, erlöst mit seiner Flöte Hameln von der Rattenplage. Als ihm aber der versprochene Lohn verwehrt wird, kehrt er zurück und entführt alle Kinder der Stadt. Das haben die geizigen Hamelner Bürger also davon. Erst viel später habe ich die wahrscheinlichste Deutung herausgefunden: Die Kinder von Hameln dürften Hamelner Jung-Bürger gewesen sein, die von adligen Territorialherren zur Siedlung im Osten angeworben wurden. Ganz ohne Flöte.

Am Hamelner Hauptbahnhof empfängt einen nichtsdesto- trotz ein riesiger Rattenfänger an der Mauer. Die Stadt setzt also auf ihr Märchen, das einzige Marketing-Tool, das sie hat. Zu Fuß marschiere ich zum Albert-Einstein-Gymnasium, dem ausgemachten Treffpunkt für die etwas andere Stadtführung. Alex, Mitte zwanzig und mit langen Dreadlocks, empfängt mich barfuß. Die Schule wirkt zu meinem Erstaunen wie ein besetztes Haus. Selbstgemalte Transparente hängen an der Wand, auf dem Boden liegen Isomatten und Schlafsäcke. Eine improvisierte mobile Küche mit vielen Holzbänken ist in ei- ner Ecke aufgebaut worden. Zwei Gestalten mit langen Haaren sitzen auf dem Boden. «Gerade sind Herbstferien, und wir von JANUN feiern hier unser Herbstspektakel», erklärt mir Alex, als er merkt, wie verwundert ich die Szenerie betrachte. Dazu muss man wissen: JANUN ist das landesweite Netzwerk der Jugendverbände, Jugendumweltbüros und freien Gruppen im Natur- und Umweltschutz in Niedersachsen. Das ist insofern einzigartig, als sich die Idee eines gemeinsamen Netzwerks der Jugendorganisationen der Umweltschutzverbände auf Bun- desebene und in anderen Bundesländern nicht durchsetzen konnte. Dabei ist die Idee genau richtig. Statt eines «Kleinklein- Nebeneinander» von z. B. NAJU, BUNDjugend, Greenpeace und Attac gibt es nur noch eine Organisation, die ganz basisdemo- kratisch aufgebaut ist. Denn bei JANUN kann jeder mitmachen und keiner muss Mitgliedsbeiträge zahlen. Es wird gemeinsam gekämpft anstatt alleine. Ein schlechtes Zeichen für die Umweltverbände, dass sich das nur in Niedersachsen durchsetzen konnte. In anderen Bundesländern hatte man sich auf keine gemeinsame Linie einigen können. Ganz im Gegenteil haben sogar einige Umweltverbände gegen den Zusammenschluss der Jugendverbände vor Gericht geklagt, weil sie Angst hatten, an Einfluss zu verlieren.

Das «Herbstspektakel» von JANUN ist eigentlich ein jährlicher Kongress, der immer in einer anderen Schule stattfindet. Dieses Mal ist es halt das Albert-Einstein-Gymnasium in Hameln. Der Hausmeister lässt sich dabei nur kurz einmal am Tag blicken. Was für ein Traum: Über vier Tage gehört JANUN die Schule ganz alleine. «Wir haben ungefähr achtzig Teilnehmer dieses Jahr», berichtet Alex. Also achtzig Leute, denen für vier Tage das komplette Gebäude gehört. Einzig sich in einem Supermarkt über Nacht einschließen lassen, stelle ich mir besser vor. Das Ganze hat nur einen Haken: «Am Ende müssen wir selber putzen.» Und was machen achtzig junge Menschen um die zwanzig nachts alleine in einer riesigen Schule? Na? Theater spielen natürlich. «Diesmal ist unser Hauptthema Medien, und gestern gab es unser improvisiertes Robin-Hood-Theaterstück», verrät Alex. Darin wird Mr. Hood von den Behörden gejagt, da er kein Fernsehen guckt, und flieht zu den anderen Geächteten bzw. «Nicht-Fernsehguckern» in den Wald. Das hat der Welt definitiv noch gefehlt. Endlich einmal eine bissige, medienkritische Aufführung. «So viel gelacht wie gestern habe ich selten», kommentiert Alex.

Zehn Euro kostet die Teilnehmer übrigens ein Sitzungstag, Essen, Trinken und ein kalter Klassenzimmerboden inklusive. Da gibt es nichts zu meckern. Höchstens von mir, denn meine Schwester sitzt mir im Nacken, und es sieht nicht so aus, als ob die Stadtführung zum vereinbarten Zeitpunkt losgehen würde. «Ich frag mal rum, wer mitgehen will», beruhigt mich

Alex mit einer Gelassenheit, die ich bei mir selbst leider schon lange nicht mehr gespürt habe. «Außerdem muss ich noch meine Schuhe suchen». Fünfzehn Minuten später haben sich dann tatsächlich vierzehn Jugendliche im Schulfoyer eingefunden, und mit einer halbstündigen Verspätung marschieren wir in die Stadt. Alex hat die Stadtführung in Hameln noch nie gemacht, aber dank der Ausbreitung der großen Ketten sind die Geschäfte in deutschen Innenstädten eh überall dieselben. «Bei der globalisierungskritischen Stadtführung stehen die Geschäfte auch nur beispielhaft für die gesamte Branche», gibt Alex zu verstehen, als er sich vor einer Tchibo-Filiale in der Hamelner Fußgängerzone aufbaut. 30 Augenpaare warten gespannt auf das, was jetzt wohl kommen mag. Alex packt aus seinem Rucksack einen weißen Chemie-Ganzkörper-Schutzanzug mit Plastikbrille und passendem Mundschutz aus und drückt diese Utensilien einer jungen Teilnehmerin in die Hand. «Anziehen», befiehlt er. Außerdem bekommt sie noch einen Plastikkanister, auf dem «Baysiston» steht. Einige ältere Passanten bleiben kurz verwundert stehen und betrachten die Umziehaktion. Das Mädchen ist jetzt zu einem kompletten Fremdkörper mutiert. «Und jetzt lies mir bitte vor, was auf dem Kanister steht», verlangt Alex. Außer dem Namen «Baysiston» kann sie nichts entziffern, da der Text komplett auf Portugiesisch verfasst ist. «Den meisten Menschen, die auf Kaffeeplantagen arbeiten, geht es ähnlich. Die können das nicht lesen, weil sie Analphabeten sind. Somit können sie auch die Warnhinweise auf dem Kanister nicht verstehen. Und nur wenige Plantagenarbeiter können sich den dringend benötigten Schutzanzug leisten», erklärt Alex. Baysiston ist ein Pestizid, mit dem die Kaffeebohnen eingesprüht werden. Es kann zu Verätzungen auf der Haut führen, sickert zudem ins Grundwasser und belastet die Umwelt. Hinzu kommt, dass viele Kinder auf den Kaffeeplantagen arbeiten. Bei Kindern ist allerdings das Immunsystem noch nicht ganz ausgeprägt, und so sind sie noch anfälliger für Beschwerden. Weltweit gibt es jährlich zwei Millionen Erkrankungen durch Pestizideinsatz, die häufig auch zu Todesfällen führen. Kaffee kann bisher leider kaum maschinell gepflückt werden, da die Kaffeebohnen unterschiedlich groß sind. «Tchibo ist der größte Kaffeeröster Deutschlands, und es würde mich wirklich interessieren, ob es hier fair gehandelten Kaffee gibt», ermuntert uns Alex in diesem Moment, und sofort stürmen 14 Jugendliche die Filiale – eine von ihnen trägt einen merkwürdigen weißen Schutzanzug. Die Verkäuferin schaut etwas ungläubig und fühlt sich sichtlich unwohl, als wir nach Fairtrade-Kaffee fragen. Sie zeigt uns eine bestimmte Sorte, neben deren Logo ein Siegel mit einem Frosch klebt. «Dieser Kaffee ist fair gehandelt.» Ich schaue mir das Siegel genauer an. Darauf steht: «Rainforest-Alliance, mind. 30 Prozent zertifiziert.» Aha. Also ist nur ein Drittel dieses Kaffees garantiert fair gehandelt. Außerdem fragt man sich, nach welchen Kriterien diese 30 Prozent zertifiziert wurden. «Dieses Logo hat viel geringere Mindeststandards und ist viel unternehmerfreundlicher als beispielsweise das sichere Transfair-Siegel. Das ist also kein fairer Kaffee!», klärt uns Alex auf. Gut vorbereitet verteilt er Tchibo-Visitenkarten. «Darauf steht die Nummer vom Management. Ruft da an und sagt denen die Meinung. Macht Druck!», fordert er uns auf.

Vorher kommen wir aber zur nächsten Station, nur einige Meter weiter in der Fußgängerzone: eine Filiale von H & M. Alex zeigt auf meine Jeans. «Wisst ihr eigentlich, welchen Weg eine Jeans beispielsweise von H & M zurücklegt?», fragt Alex uns. Einige Ländernamen werden in die Runde gerufen, bis Alex schließlich mehrere Schilder auspackt, deren Inhalt ich an dieser Stelle kurz zusammenfassen möchte, da er mich tatsächlich zum Staunen und Nachdenken gebracht hat. Hier ist er also, der lange Weg der Jeans:

1. Kasachstan oder Indien: Anbau und Ernte der Baumwolle
2. Taiwan: Färbung mit chemischer Indigo-Farbe aus Deutschland
3. China: Verspinnung der Baumwolle zu Garn mit Ringspinnmaschinen aus der Schweiz
4. Polen: Weben der Stoffe auf Webmaschinen aus Deutschland
5. Frankreich: Herstellung von Washing-Label und Innenfutter
6. Schweden: Festlegung des Schnittmusters und des Designs
7. Philippinen: Zusammennähen der Jeans
8. Griechenland: Endverarbeitung mit Bimsstein
9. Deutschland: Verkauf und Nutzung
10. Niederlande: Sammlung von Altkleiderspenden durch einen großen Sortierbetrieb
11. Afrika: Verkauf als Secondhand-Kleidung oder «Hilfslieferungen».

Richtig gelesen, die Klamotten aus der Altkleidersammlung werden oftmals nicht verschenkt, sondern in Afrika wieder verkauft und geben durch den niedrigen Preis natürlich einheimischen, afrikanischen Marken keine Chance. «Dead white man clothes» nennen viele Afrikaner übrigens diese Secondhand-Ware, da sie annehmen, dass die Kleidung von toten weißen Menschen stammt. Denn nur wenn man tot sei, würde man doch überhaupt seine Kleidung hergeben.

«Eigentlich müsste auf dem kleinen Schildchen in der Jeans MADE IN KASACHSTAN-TAIWAN-CHINA-POLEN-FRANK-REICH-SCHWEDEN-PHILIPPINEN-GRIECHENLAND stehen, wenn es die Wahrheit sagen würde», fasst Alex das Ergebnis zusammen.

Genau in diesem Moment klingelt mein Handy, und eine laute Schwester fordert mich auf, endlich nach Hannover zu kommen. Schade, ich wäre gerne noch ein bisschen mit Alex und den anderen weitergezogen, denn die globalisierungskritische Stadtführung hat mir durchaus gefallen. Sehr anschaulich und praxisorientiert. Einziger Kritikpunkt ist die Tatsache, dass hauptsächlich Jugendliche daran teilgenommen haben, die sich eh schon gut auskannten und für dieses Thema sensibilisiert sind. Eigentlich müssten die Jungs mal in die Schulen gehen und dort Aufklärungsarbeit leisten, denke ich mir.

«Auf zu McDonald's!», ruft Alex. Das ist für mich das Stichwort, zu gehen. Mit den Burgerbratern habe ich mich zusammen mit Thilo Bode ja nun schon genug auseinandergesetzt. Also verlasse ich an dieser Stelle die Stadtführung der besonderen Art. Auf dem Weg zum Bahnhof komme ich an der Hamelner «Rattenschänke» vorbei, bestelle mir ein kühles Helles und schalte mein Handy aus. Diese zehn Minuten gehören mir.

BESSERWISSERBOYKASTEN

Alles so einfach

Auch ich trage die halbe Erdkugel am Körper, wenn es um die Herkunft meiner Klamotten geht. Es lohnt sich also, mal auf das Etikett zu schauen und nicht nur nach der Waschanleitung zu suchen. Man sollte sich ein paar Gedanken darüber machen, unter welchen Umständen Trendware so günstig produziert werden kann. Klamottenkonsum einschränken heißt die Devise, auch wenn es schwerfällt.

Des Weiteren fände ich es eine gute Idee, wenn sich die Jugendverbände der Umweltorganisationen nicht nur in Niedersachsen zusammenschließen, sondern dies bundesweit möglich wäre. Dass das bisher nicht geklappt hat, ist wieder einmal ein Zeichen dafür, dass wichtige Protestbewegungen ihre Durchschlagskraft durch Uneinigkeit verlieren.

Anneliese Schmidt erklärt

Der Verein Transfair wurde 1992 gegründet, um einen Handel mit Ländern der Dritten Welt sozial und umweltgerecht sowie wirtschaftlich zu gestalten. Der Verein setzte sich zunächst für Bauern in Asien, Afrika und Lateinamerika ein, damit die ihre Produkte wie Kaffee, Kakao, Bananen, Wein, Blumen, Bonbons, Honig, Reis, Baumwolle oder Tee nicht unter dem Druck der westlichen Großkonzerne zu Dumpingpreisen abgeben müssen. Transfair setzt Standards und kontrolliert die Einhaltung der Kriterien über alle Kontinente hinweg.

Baby ich tu's

Eine globalisierungskritische Stadtführung kann jeder in größeren Städten mitmachen! Größere Gruppen bekommen sie auch in Kleinstädten. Einfach bei JANUN anfragen. Man kann aber auch selbst eine Stadtführung machen: JANUN bildet Interessierte kostenlos aus, und schon kann es losgehen.

Paul surft

www.transfair.de
www.janun.de
www.bundjugend.de

Ausgerechnet heute streiken die Lokführer. Hilft aber alles nichts, irgendwie muss ich bis 13 Uhr in Frankfurt sein, denn ich habe einen Termin bei den Globalisierungskritikern von Attac. Nicht erst nach der Hamelner Stadtführung sind mir genügend Argumente eingefallen, sich mit der Protestbewegung zu treffen. Attac wurde 1998 in Frankreich gegründet; die französische Abkürzung steht für «Vereinigung zur Besteuerung von Finanztransaktionen im Interesse der BürgerInnen». Das Kerninteresse lag zunächst darin, eine demokratische Kontrolle der internationalen Finanzströme zu erreichen. Mittlerweile ist Attac eine Vereinigung, die die Globalisierung im Allgemeinen kritisiert und ihre Popularität im Rahmen der Demonstrationen gegen den G8-Gipfel 2001 in Genua erlangte.

Erstaunlicherweise hat die Deutsche Bahn einen Notfallplan ausgearbeitet und alle Beamten im Konzern, die ja nicht streiken dürfen, innerhalb von Stunden zu Zugführern ausgebildet, so scheint es. Der Notzug rollt ein, und mein Ziel scheint tatsächlich wieder erreichbar. Ich bekomme sogar noch einen Platz an einem Vierersitz mit Tisch. Neben mir sitzt ein hyperaktives zweijähriges Kind, das mich mit neugierigen Augen anblickt. Die kleine junge Dame ist zwar bezaubernd, macht aber einen Radau, als würde eine nie enden wollende Horde Paviane durch den Zug jagen. Das Krawallkind heißt übrigens Olivia, wie ich den lauten Ermahnungen der überforderten Mutter entnehme, die, durch dunkle Augenringe gezeichnet, einen ähnlich schlappen Eindruck wie ich macht. Die vierstündige

Zugfahrt vergeht dank Olivia alles andere als im Flug: Olivia fordert mich auf, mit ihr zu malen – ich stelle mich schlafend. Olivia schaut «Shrek 2» auf ihrem kleinen DVD-Player – ich stelle mich schlafend. Olivia tippt mich an und dreht den Ton des DVD-Players noch lauter – ich stelle mich schlafend, während an Schlaf nicht zu denken ist.

Definitiv nicht erholt springe ich schließlich am Frankfurter Hauptbahnhof aus dem Zug. Olivia winkt mir aber noch nicht einmal hinterher. So undankbar und unhöflich ist die nachwachsende Generation!

Das Bundesbüro von Attac ist keine zwei Minuten Fußweg entfernt. Es ist wirklich sympathisch, dass Attac den Hauptsitz nicht in Berlin hat, sondern im Finanzmekka Frankfurt. Sehr passend für eine Organisation, die für eine neue Wirtschaftsordnung streitet, in der der Reichtum der Welt gerecht verteilt wird. Attac wurde 1998 in Paris als eine Vereinigung zur Besteuerung von Finanztransaktionen, der sogenannten Tobin-Steuer, gegründet. Daraus entwickelte sich schon bald ein Bündnis, das die verschiedenen Aspekte der Globalisierung wie Welthandel, globale Verteilungsfragen, Steuerflucht und Standortkonkurrenz kritisch begleitet. Im Frühjahr 2000 kam das Netzwerk schließlich auch zu uns, und Attac Deutschland wurde gegründet. Eine sehr junge Organisation also, die es aber bis jetzt jedes Jahr geschafft hat, ihre Mitgliederzahlen in großem Rahmen zu steigern. Der G8-Gipfel in Heiligendamm 2007 hat zu einem neuen Rekord geführt: Über 16 000 Mitglieder unterstützen Attac inzwischen und etwa 30 000 sind im regelmäßigen Infoverteiler eingetragen.

Wie ich dem Klingelschild entnehmen kann, versteckt sich die Attac-Zentrale im sechsten Stock. Da ich bereits etwas länger nicht mehr zu Hause war, bin ich mit zwei großen Reisetaschen und einem schweren Rucksack bewaffnet. Überflüssig zu erwähnen, dass der Aufzug ausgerechnet heute eine Funktionsstörung hat. Keuchend und japsend schleppe ich mich die Stufen hoch. «Herr Schlegl, Sie sollten dringend etwas Sport treiben», würde mein Arzt an dieser Stelle sagen. Eine Fahne markiert mein Ziel: «Attac-Netzwerk zur demokratischen Kontrolle der internationalen Finanzmärkte». Sie hängt im sechsten Stock einfach im Treppenhaus und ist der einzige Hinweis darauf, dass hinter der Tür eine der bedeutsamsten und radikalsten Protestorganisationen ihren Hauptsitz hat. Kein Hinterhof. Kein besetztes Haus. Kein Passwort. Nur eine bürgerliche Wohnung mit vielen bürgerlichen Nachbarn, unter anderem sogar einer Marketingagentur. Sabine Leidig öffnet mir lächelnd die Tür. Seit sie vierzehn Jahre alt ist, engagiert sie sich für gesellschaftliche Belange: zuerst in Heidelberg in einer jener christlichen Jugendgruppen, die durch Musik und Theater weltliche Themen wie z. B. Gerechtigkeit für lernbehinderte Kinder in die Kirchen hereingebracht haben. Jetzt ist sie Geschäftsführerin von Attac und setzt mir eine große Schale Trauben vor die Nase. Die einzelnen Zimmer machen einen sehr unaufgeräumten Eindruck. Überall stehen halb gepackte Pappkartons auf dem Boden. Endlich genau das kreative Chaos, das ich mir vorgestellt hatte. Ein Attac-Hauptquartier darf einfach nicht aufgeräumt sein, sage ich mir. Wo kämen wir hin, wenn Ordnung, Disziplin und Pünktlichkeit Werte der Protestler sein würden? «Der hässliche blaue Teppich wird bald rausgerissen. Deshalb sieht es hier so unmöglich aus. 'tschuldigung», enttäuscht Sabine Leidig meine Klischeevorstellungen.

Derart auf den Boden der Tatsachen zurückgeholt, stelle ich meine erste Frage: «Wie ist es um die Protestkultur von heute bestellt?» – «Die zur Verfügung stehende Zeit ist ein entscheidender Faktor. Durch die ‹Globalisierung› wird der Konkurrenz- und Leistungsdruck immer stärker. Studenten mit Bachelor- und Masterstudiengängen haben praktisch kaum zeitlichen Spielraum. Da geht es knallhart nur darum, schnell verwertbar zu sein», erzählt Sabine. Demnach scheiden gerade viele junge Menschen in Sachen Engagement aus. Nur wer bleibt übrig? «Erwerbslose, Frauen mit kleineren Kindern und Selbständige gehören zu denen, die sich bei uns regelmäßig engagieren», antwortet Sabine ehrlich und ergänzt: «Jeder muss für sich selbst entscheiden, wie viel Raum gesellschaftliches Engagement in seinem Leben einnehmen kann. Irgendwas gibt es immer, das ich tun kann. Ich kann mich an Internetaktivitäten beteiligen, in den Informationssträngen drinbleiben und mich dann entscheiden, ob ich gegen Nazis oder den Krieg demonstriere. Damit setze ich meine Karriere nicht aufs Spiel.» Das Wichtigste dabei ist die Vernetzung: «Allein kann man gar nichts machen. Man kann zwar individuell handeln, aber man ist immer darauf angewiesen, dass andere das auch tun.»

Ich muss an die Bilder von den Protestaktionen gegen den G8-Gipfel in Heiligendamm denken, bei denen sich gewaltbereite, schwarz vermummte Linksautonome unter die friedlichen Demonstranten gemischt und sich Schlachten mit der Polizei geliefert haben. Wie gefährlich ist es, sich an Aktionen von Attac zu beteiligen? «Unsere Aktionen sind immer gewaltfrei. Diese Leute waren nicht von uns», antwortet Sabine und drückt mir das Thesenpapier von Attac in die Hand, das jedes Neumitglied bekommt und im Internet zu finden ist. Darin lese ich klar und deutlich: «Gesellschaftliche Veränderungen können nur demokratisch erreicht werden. Deshalb sind sie immer gewaltfrei.»

Fraglich ist natürlich, ob jedes Mitglied dieses dreiseitige Papier so genau studiert und sich auch an die darin formulierten Grundsätze hält.

In diesem Moment kommt eine Kollegin von Sabine ins Büro und gibt mir ein Zeichen, dass ich mein Aufnahmegerät doch bitte ausschalten solle. Deshalb werde ich an dieser Stelle nur oberflächlich auf den Inhalt des Gesprächs eingehen. Im Kernpunkt ging es um einen deutschen Dokumentarfilmer mit Kontakten zu Attac, der jetzt in Nigeria im Gefängnis sitzt, da er beim Filmen von bestimmten Ölplattformen entdeckt wurde. Er wurde zwar nicht von Attac beauftragt, trotzdem will ich jetzt von Sabine wissen, ob schon jemand durch eine Attac-Aktion im Gefängnis gelandet ist. «Eigentlich nicht», antwortet Sabine, zieht sich dabei aber an ihren Ohrläppchen. Damit wäre sie vermutlich durch jedes FBI-Verhör gefallen. «Natürlich üben wir bei Attac zivilen Ungehorsam, wenn wir beispielsweise in Bahnhöfen gegen das Hausrecht verstoßen. Wir wollen etwas an den Verhältnissen ändern, und deshalb tragen wir auch keine Frösche über die Straße, wie zum Beispiel der NABU das tut. Wir gehen weiter. Die kritisierten Konzerne scheuen sich aber, Attacis – so heißen unsere Aktivisten – anzuzeigen, da dies natürlich zu erhöhter öffentlicher Aufmerksamkeit führen würde. Falls aber doch mal jemand angezeigt wird, lassen wir keinen im Stich. Es gibt bei uns einen speziellen Rechtshilfefonds, für den wir Geld sammeln.» In diesem Moment kommt Sabine eine Idee: «Mach doch morgen einfach mal bei einer Aktion von uns mit. Wir machen einen Flashmob gegen die Bahnprivatisierung.» Die Aktion mit dem Motto «Die Bahnprivatisierung in die Tonne kloppen» klingt verwegen und interessant, denn morgen soll an jedem Bahnhof in Deutschland die gleiche Aktion stattfinden. Um Punkt fünf vor zwölf – wie symbolisch – soll für genau zwei Minuten im Eingangsfoyer richtig Lärm gemacht werden. «Bewege dich unauffällig durch den Bahnhof. Bring Pfeife, Topfdeckel, Trommel oder ähnliches zum Lärmmachen mit – und danach einen DIN-A4-Zettel hochhalten, auf den du geschrieben hast: «183 = 13». Achte auf die Bahnhofsuhren», steht verschwörerisch auf einem Flyer geschrieben, der nur übers Internet verbreitet wurde. Übrigens: 183 = 13 steht für das Vermögen der Bahn (183 Milliarden) und den Preis (13 Milliarden), zu dem die Bahn im Zuge der Teilprivatisierung verkauft werden sollte. Das Problem an einer Teilprivatisierung der Bahn wäre, dass die Grundversorgung nicht mehr gesichert wäre, da jede Strecke auf ihre Wirtschaftlichkeit überprüft werden würde. Kleine Bahnhöfe oder Strecken in ländlichen Regionen würden wohl eingestellt werden. Der Flyer nennt es eine «unglaubliche Verschleuderung von Allgemeineigentum, die deutlich macht, wie und warum Privatisierung sich für die Investoren lohnt».

Ein Flashmob zeichnet sich generell dadurch aus, dass er spontan entsteht und eben nicht als offizielle Demonstration gemeldet ist. Deshalb ist er meistens ebenso schnell zu Ende, wie er begonnen hat, damit die Polizei keine Chance hat, rechtzeitig einzugreifen. Die Aktionen haben immer einen symbolischen Charakter und stiften Verwirrung. Da ich mich nach meinem Attac-Termin auf den Weg nach Köln machen werde, um meine Familie endlich einmal wieder zu besuchen, wäre die einzige Chance morgen der Kölner Hauptbahnhof. «Auch da wird hoffentlich etwas passieren», sagt Sabine. Ich verspreche ihr, dass ich pünktlich da sein werde, denn ich habe Blut geleckt und möchte wissen, ob diese skurrile Aktion wirklich ein Erfolg wird. Zudem könnte es wirklich Ärger mit der Security der Deutschen Bahn geben, da diese von ihrem Hausrecht Gebrauch machen und die Teilnehmer längere Zeit festhalten und anzeigen könnte. Ich möchte aber endlich wissen, wie es sich anfühlt, im Auge des Sturms zu stehen. Zum Dank für meine Zusage bekomme ich noch ein Nusshörnchen von Sabine geschenkt, neben den Trauben meine bisher einzige Verpflegung des Tages.

Einen Tag später. 11 Uhr 40. Überpünktlich erreiche ich den Kölner Hauptbahnhof. Der Grund dafür ist simpel: Ich habe meine Eltern im Schlepptau, die mir schon den ganzen Morgen über Beine gemacht haben. Sie wollen mit mir zusammen den Flashmob erleben und danach meine aus Hannover kommende Schwester vom Gleis 6 abholen. Wobei der zweite Punkt bei ihnen definitiv die treibende Kraft ist. «Man sieht ja gar keinen mit Lärmutensilien. Bist du sicher, dass hier gleich was passiert?», fragt Vater Schlegl etwas spöttisch.

11 Uhr 45. Ich fühle mich wie ein Stasi-Agent, mustere jede kleinere Gruppe und versuche, unter Jacken versteckte Kochtöpfe zu erspähen. Ich frage drei Frauen um die zwanzig mit gefärbten Haaren und Dreadlocks, ob sie wegen des Flashmobs hier seien. Ihre Antwort: «Nee. Wir warten nur auf jemanden. Aber 'n Flashmob machen ist coole Scheiße.»

11 Uhr 50. Noch fünf Minuten, und noch immer kein Zeichen einer möglichen Verschwörung. Nur Touristen, die eilig durch die Eingangshalle huschen, und eine längere Schlange am Infoschalter der Bahn. Drei Wolfsburger Fußballfans schreiten laut grölend durch die Eingangstür. Ist das schon der Flashmob? Ich habe nicht viel Hoffnung, dass hier noch etwas passiert.

11 Uhr 53. «Da, guck mal, der hat einen eingerollten Zettel in der Hand», ruft meine Mutter ganz aufgeregt, sodass der Herr, der tatsächlich ein kleines Plakat in der Hand hält, sofort zusammenzuckt. Hier liegt etwas in der Luft, denn auf der anderen Hallenseite entdecke ich ein Pärchen mit derselben Munition in der Hand.

11 Uhr 55. Plötzlich beginnt der Lärm. Mehrere Personen blasen in ihre Pfeifen. Zwei Mädchen schlagen mit je einem

Kochlöffel auf einen Kochtopfdeckel. Ein älterer Herr mit einem großen schwarzen Hut haut mit einer Eisenstange auf den Briefkasten. Auch ich packe meine kleine Rassel aus und rassele um mein Leben.

Die plötzliche Soundkulisse hat etwas Bedrohliches. Es sind zwar nur um die fünfzehn Personen, die sie erzeugen, aber durch den Hall im riesigen Bahnhofsfoyer erinnert das Ganze an einen Flieger- und Bombenalarm. «Klingt wie Krieg», bringt es Vater Schlegl auf den Punkt, der allerdings nie wirklich einen Krieg erleben musste.

11 Uhr 56. Der Lärm hält an. Eine rothaarige Dame in ihren besten Jahren flüchtet erschrocken und völlig panisch durch die Eingangstür. «Die hat Angst vor 'nem Terrorangriff», lacht Vater Schlegl.

11 Uhr 57. Der Lärm verschwindet, und jetzt werden die Zettel mit der Aufschrift «183 = 13» hochgehalten. «Was soll das denn bedeuten?», fragt sich Mutter Schlegl.

11 Uhr 58. Die Teilnehmer zerreißen ihre Zettel und verschwinden in alle Himmelsrichtungen. Ich renne hinter einem jungen Mann Mitte zwanzig mit Augenbrauen-Piercing her und frage ihn, warum er heute hier ist. «Ich bin Mitglied von Attac und heilfroh, dass hier doch so viele mitgemacht haben. Meine drei Kumpels haben mir heute abgesagt, und ich bin ganz alleine hier. Die anderen kannte ich gar nicht», antwortet er. Das Prinzip des Flashmobs ist demnach teilweise aufgegangen: Wildfremde Menschen kommen für kurze Zeit zusammen, um ein Zeichen zu setzen. Doch genau dieses Zeichen hat keiner so richtig verstanden. «Keine Ahnung, was das sollte», sagt eine Passantin. «Warum erklären die nicht, was sie wollen?» «183 = 13, das versteht doch keiner», ergänzt ein anderer Beobachter. Ich frage die eine Aktivistin, die das Foyer noch nicht fluchtartig verlassen hat. «Wir wollen ja gerade Verwirrung stiften

und Fragen aufwerfen. Die Antworten kommen später», erklärt das Attac-Mitglied. Sie gibt mir den Hinweis, dass eine ausführlichere Aufklärungsaktion in zwei Wochen geplant sei. Dabei sollen Flyer mit Infos über die geplante Privatisierung in den Zügen verteilt werden. Das ist wirklich etwas sinnvoller, um ins öffentliche Bewusstsein zu gelangen, denn solche Flashmobs intensivieren zwar das Gemeinschaftsgefühl der Aktivisten, aber die Menschen um sie herum werden vollkommen im Unklaren gelassen. Trotzdem kann ich verstehen, dass man sich gerne an solchen Aktionen beteiligt, denn sie geben einem das Gefühl, sich für etwas eingesetzt zu haben. Vielleicht ist die Außenwirkung erst mal gar nicht so wichtig, auch wenn meine Eltern noch immer verwirrt anmerken: «Was sollte das denn bitteschön?» Wahrscheinlich wird genau diese Reaktion die Teilnehmer zutiefst zufrieden stimmen.

12 Uhr 01. Ein Jugendlicher hetzt mit rotem Kopf in den Eingangsbereich. «O nein. Ich hab's verpasst! Verdammt!» Ich frage ihn, weswegen er so unpünktlich war. «Gestern Abend gab es eine Uni-Party zugunsten von Transfair, dem Siegel für fairen Handel. Quasi saufen für den guten Zweck.»

12 Uhr 08. Die Bahn-Security erscheint und ich frage sie, ob sie den Lärm eben gehört hätten. «Nee, wir haben nichts gehört. Da sind ja die Fußballfans lauter!»

12 Uhr 15. Meine Schwester kommt gut gelaunt und pünktlich an Gleis sechs an.

Als ich ihr erkläre, warum Mutter und Vater Schlegl noch lustiger drauf sind als sie, beschwöre ich einen Generationenkonflikt herauf. «Das fasse ich doch nicht, jetzt haben meine Eltern eher an einem Flashmob teilgenommen als ich. Warum hast du mir denn nicht Bescheid gesagt, dann hätte ich einen Zug früher genommen!» Achselzuckend schlendere ich aus dem Bahnhof. «Bei der nächsten Weltrettungsaktion will ich aber mal dabei sein!» «Ja, ja, natürlich», versuche ich sie zu beschwichtigen. Es sollte gelogen sein, aber das konnte ich jetzt noch nicht ahnen ...

BESSERWISSERBOYKASTEN

Alles so einfach

Sie sind bereits über dreißig, haben ein gesichertes Einkommen und fühlen sich zu alt, um auf die Straße zu gehen? Falsch gedacht, denn für eine Demo ist man nie zu alt! Sie ist immer eine gute Sache, um Ihr Gewissen ein wenig zu erleichtern und die Jugend zu unterstützen! Beispielsweise die Jugend, die bei Attac organisiert ist. Das Spendenkonto und das Beitrittsformular finden Sie auf der Webseite.

Anneliese Schmidt erklärt

Der erste Flashmob wurde 2003 beurkundet und wurde wie so vieles erstmalig in den USA durchgeführt. Im Juni wurde die Aktionskunst in New York zelebriert und fand auch schnell in Europa Nachahmer. Allerdings waren die ersten Flashmobs, wie auch heute noch die meisten, völlig unpolitisch. Übrigens: Beim Bahn-Flashmob, an dem ich im September 2007 teilgenommen habe, gab es bundesweit mehr als 2000 Krachmacher.

Baby ich tu's

Zugegeben – die große Zeit der Flashmobs ist fast schon wieder vorbei. Doch wer es nicht nur als Modeerscheinung betrachtet, sondern auch als wirkungsvolle Demonstration der anderen Art versteht, der sollte sich trauen, mitzumachen. Während früher ein Apfelbaum gepflanzt wurde, kann man jetzt an einem Flashmob teilnehmen oder besser: einen organisieren.

Paul surft

www.attac.de

www.flash-mob.de

www.bahn-fuer-alle.de

Zwei Kuhaugen glotzen mich an, allerdings aus Pappmaché. Daneben liegen einige Gasmasken auf einem großen Haufen. Ich stolpere über eine Rolle Maschendrahtzaun. Von den Regalen hängen Seile herab. Etliche Wandfarben jeder Couleur stehen in den Ecken und auf dem Fenstersims. Willkommen in der Protestrumpelkammer der BUNDjugend, der Jugendorganisation des Bundes für Umwelt und Naturschutz, die eben nicht nur «Frösche über die Straße» tragen, obwohl sie so aussehen, sondern ähnlich wie Attac auch zum zivilen Ungehorsam aufrufen und rechtliche Grauzonen ausnutzen, ohne das Gesetz zu überschreiten. Der Lagerraum, in dem ich jetzt mit den beiden Klassensprechern, äh, Vorsitzenden der BUNDjugend, Ronny Hentschel und Friederike Kreßner, gebückt stehe, ist in Wirklichkeit gar keiner, sondern eigentlich eine Toilette mit einem kleinen Waschraum. Diese haben die Jugendlichen einfach besetzt und zu ihrer kreativen Müllhalde umfunktioniert. Wobei «Müllhalde» an dieser Stelle etwas ungerecht ist, da es vielmehr eine Schatzkammer voller Ideen ist. Ich bin begeistert und fange an zu wühlen. Denn genau das war mein Plan: Ich will mich von guten Ideen zu Protestaktionen inspirieren lassen, die von jungen Erwachsenen durchgeführt werden, die für ihre Überzeugungen ihre Wochenenden opfern und auf die Sportschau und den Clubbesuch verzichten. Vielleicht wollte ich aber auch nur meine Vorurteile gegenüber diesen Leuten abbauen, die sonst immer nur mit dem erhobenen Zeigefinger durch die Gegend laufen.

Ich wollte auch wissen, was einen wirkungsvollen Protest ausmacht, denn der Flashmob von Attac hat mir zwar viel Spaß
gemacht, doch er hat die Leute wohl mehr verwirrt als informiert oder überzeugt. Gute Proteste sind nämlich viel mehr,
als «einfach nur auch auf die Straße zu gehen». Gute Proteste
leben von ihrer Grundidee und werden von langer Hand geplant. Dann wird diskutiert, gestritten und schließlich gebas-
telt, gemalt, erschaffen, bevor es letztlich nach draußen geht.
Ich greife mir den Kuhkopf. «Damit haben wir 2003 gegen konventionelle Tierhaltung und für ökologische Produkte demonstriert», erzählt der 24-jährige Ronny, über dessen Namen ich
an dieser Stelle ausnahmsweise keine Witze mache. Die ganze
Aktion lief folgendermaßen ab: Auf dem Marktplatz in Bremen wurde die Kuh vor den Augen aller versammelten Bürger
förmlich geschlachtet. Zwei Aktivisten steckten in der Kuh, die
plötzlich hinter einem Vorhang verschwand, der die Schlach-
terhalle symbolisieren sollte. Dann wurde das Laken blutig,
und schließlich trat der «Schlachter» mit einer Frikadelle in
der Hand vor die Zuschauer. «Der Fleischer hat die Frikadelle
erst verspeist, aber dann wieder ausgespuckt, da ihm natürlich
das konventionelle Fleisch nicht geschmeckt hat. Das war die
Grundidee dahinter», so Ronny. Moment mal, kann man wirklich am Geschmack erkennen, ob etwas Bio ist oder nicht?
«Hm. Bei Fleisch und Eiern ist das sehr schwer. Es ging aber
auch vielmehr um die symbolische Gesamtdarstellung», verteidigt Friederike. «Die Aktion war ein Erfolg, da wir an diesem
Tag viele Leute erreicht haben. Wir hatten ja auch die Erlaub-
nis, ein Megafon zu benutzen.» Unglaublich, aber tatsächlich
wahr: Beim Ordnungsamt bzw. der Polizeistelle muss man
eine solche Versammlung nicht nur anmelden, sondern vor-
weg auch abklären, ob man mit einer Flüstertüte richtig Ran-
dale machen kann oder eben nur ein bisschen laut sein darf.

Eine erneute Bestätigung für das Klischee, dass in diesem Land rein gar nichts ohne eine behördliche Regelung funktioniert. Ronny berichtet aber noch von einer weiteren gelungenen Aktion: der «Wette». Er macht eine Kunstpause und ergänzt ehrfürchtig: «Davon sprechen hier noch alle, selbst wenn sie schon ein paar Jahre her ist.» Die Wette hat übrigens nichts mit Gottschalk und seiner mittlerweile doch arg angestaubten Show zu tun. Vielmehr wetteten Jugendliche aus ganz Deutschland gegen die Bundesregierung. «Die Schulen haben gewettet, dass sie das von der Bundesregierung genannte Klimaschutzziel in wenigen Monaten, statt wie vorgesehen erst nach einigen Jahren, erreichen können», berichtet Ronny. Und es hat tatsächlich geklappt. «Die Schulen haben gewonnen und durch etliche Stromsparaktionen viel CO_2 eingespart», berichtet Friederike. Im Gegensatz zu «Wetten dass ...?» mussten die Politiker aber leider keine Wettschuld einlösen. Es gab vielmehr ein ganz anderes Problem: «Der Enthusiasmus war so groß, dass die Projektkosten aus dem Blickfeld gerieten. Damit hätte man sich sogar fast verschuldet», resümiert Ronny, von dem ich jetzt wissen will, was er im wirklichen Leben macht. «Wir studieren beide auf Bachelor. Das mit unserem Engagement zu kombinieren ist echt hart.» In der Tat ist es gar nicht leicht, ein Kämpfer für das Gute zu sein. «Jeder von uns investiert umgerechnet zwanzig Stunden wöchentlich in die BUNDjugend. Es gibt Arbeitstreffen, Konferenzen, Verbandstreffen. Fast jedes Wochenende ist man unterwegs», berichtet Friederike. Wer jetzt denkt, dass bei einer Jugendorganisation mit etwa 43 000 Mitgliedern doch wenigstens für die Vorstandsvorsitzenden einiges an Aufwandsentschädigung abfällt – wie bei jedem großen Unternehmen –, liegt komplett falsch. Die beiden bekommen für ihr Engagement nicht einen Cent.

«Meine finanziellen Kapazitäten sind extrem eingeschränkt.

Hier bekomme ich kein Geld. Ich kriege auch kaum Bafög. Und sonst habe ich auch nicht so viel», so Friederike, bei der ich in ihrem grünen T-Shirt sogar ein Loch entdecke. «Das ist nicht gewollt. Aber ich will das Shirt auch nicht gleich wegschmeißen», schmunzelt Friederike. Wie kann man denn mit solchen Voraussetzungen sozial und ökologisch korrekt leben und konsumieren? «Schwierig. Man muss bestimmte Kompromisse machen und individuell entscheiden, was einem wichtig ist. Ich kaufe z. B. Bioeier, weil es mir besonders wichtig ist, dass die Hühner nicht in den Legebatterien gehalten werden. Dafür muss ich dann halt beim Gemüse Abstriche machen. Kleine Dinge zählen schon», antwortet sie mir, und Ronny erganzt: «Ich kauf so ein wie jeder andere auch. Nur halt weniger. Es ist zudem wichtig, dass man wenigstens weiß, was man da konsumiert. Das Bewusstsein zu haben ist wichtig. Aber ich muss bei C&A einkaufen, weil die Kleidung da nun mal billig ist.» Obwohl ich merke, dass ich hier den wunden Punkt der beiden getroffen habe, jammern die beiden überhaupt nicht. Sie wissen zwar, dass sie ständig an ihren finanziellen Grenzen agieren und dass sie kaum mehr Zeit für ein Privatleben haben, aber in ihren Augen blitzt ständiger Kampfeswille. Den merkt man den beiden besonders an, als sie über die «bösen» Konzerne reden, mit denen sie niemals zusammenarbeiten würden. «Coca-Cola geht gar nicht. Die haben viel Dreck am Stecken in Indien und Südamerika, wo die Arbeitsbedingungen unterirdisch sind und schon Gewerkschaftler erschossen wurden. McDonald's geht auch nicht: Genfood und Fleisch aus Massentierhaltung. Autokonzerne – auch nein. Ölkonzerne – nein. Generell alle Konzerne, die Gentechnik-, die Atom- und Rüstungsindustrie unterstützen. Da bleibt eigentlich nichts mehr übrig», lautet das desillusionierende Fazit von Friederike. Viel Zeit zu kämpfen bleibt den beiden aber nicht mehr. In der BUNDjugend sind nur Mitglieder unter 26 organisiert. Danach könnte man sich im «erwachsenen» BUND engagieren, dessen Büros nur ein Stockwerk höher liegen, doch das ist für viele in der BUNDjugend keine Option, da sie die eingesessenen Strukturen des viel größeren BUND fürchten. Friederike und Ronny wollen es nicht zugeben, aber in den Gesichtern der beiden kann man förmlich lesen, dass dieser Wechsel auch für sie nicht in Frage kommt. Es gibt aber noch ein bisschen Hoffnung für die beiden. Angelika Zahrnt, die Vorsitzende des BUND, bestätigt mir in einem Gespräch, dass darüber nachgedacht wird, die Grenze zwischen BUNDjugend und BUND um zwei Jahre nach hinten zu schieben. Das hieße demnach: Erst wenn die beiden das stolze Alter von 28 Jahren erreicht hätten, müssten sie sich von der BUNDjugend verabschieden.

«Wir haben jetzt Vorstandssitzung, in der wir neue Ideen für Aktionen sammeln», gibt Friederike einen kleinen Hinweis auf meinen bevorstehenden Rauswurf. Vorher drückt sie mir aber noch einen Stapel Aufkleber in die Hand. Darauf ist ein rot durchgestrichener Jeep zu sehen und die Aufschrift «Think big, drive small!» «Diese Aufkleber bitte NICHT, auf gar keinen Fall, auf die großen, bösen, spritfressenden Autos wie Geländewagen, Jeeps, Allradfahrzeuge oder Sportwagen kleben. Aber man KÖNNTE es natürlich tun», sagt Friederike mit einem Augenzwinkern und ergänzt, dass es im Internet sogar die passenden «Strafzettel» für die Spritfresser zum Ausdrucken gäbe. «Wir müssen aber vorsichtig sein mit einem konkreten Aufruf zum Aufkleben, da es schon Anzeigen von verärgerten Autobesitzern gab.»

Mit etlichen Aufklebern in der Hand verabschiede ich mich von den beiden. Dem Schild an der Eingangstür widme ich die letzten Zeilen. Darauf steht geschrieben: «Sind alle Computer,

Heizungen, Lichter und der Kopierer aus? Die Fenster zu? Du darfst gehen!»

Ich mache mich trotzdem vom Acker.

Der gleiche Tag, nur etwas später. Es ist bereits stockdunkel, als ich durch meine Straße laufe und jedem Auto einen Aufkleber verpasse. Ich sehe nämlich gar nicht ein, warum es nur die allerschlimmsten Spritfresser treffen soll. Jedes Auto schluckt zu viel und hat die öffentliche Ächtung mehr als verdient. Meines übrigens auch. Und so fahre ich seitdem mit einem Warnaufkleber der BUNDjugend, platziert direkt neben dem Nummernschild meines grünen Golf-Kombi, der auch nicht gerade den Umweltengel verdient hat, durch die Gegend. In manchen Kreisen ist dieses Modell übrigens als «Pampersbomber» verschrien. Frechheit!

P. S.: Drei Aufkleber habe ich meiner Schwester nach Hannover geschickt, die auch gleich ihren Besitzer gewechselt haben. Allerdings war sie der Meinung, dass die Aufkleber noch lange nicht die verpasste Flashmob-Aktion wieder aufwiegen ... Da müsste ich schon mit etwas Besserem kommen!

BESSERWISSERBOYKASTEN

Alles so einfach

Man kann das Gefühl bekommen, dass die Industrie ihre schmutzigen Spielchen auch deshalb so erfolgreich betreibt, weil sie viel besser organisiert ist. Wenn sich die Umweltschutzverbände untereinander nicht «grün» sind, wie sollen sie dann erfolgreich Umweltsünden aufdecken und die Bevölkerung mobilisieren? Während die Industrie auf

Gewinnmaximierung aus ist und dieses Ziel gradlinig verfolgt, verzetteln sich viele Verbände in Grabenkriegen und bringen sich so vom eigentlichen Ziel, der Aufklärung und der politischen Einflussnahme, ab.

Baby ich tu's

Organisieren Sie eine Demonstration! Themen gibt es ja genug. Schon die ersten Schritte werden Ihnen verdeutlichen, warum es so selten Demonstrationen gibt. Gleichgesinnte finden, behördliche Auflagen erfüllen und dann auch noch auf schön Wetter hoffen ... Trotzdem, es lohnt sich.

Paul surft

www.bundjugend.de

www.demeter.de

www.gruene-jugend.de

«Die Menschen von der Stiftung Warentest sind doch eher
Techniker als Gutmenschen!» Prof. Dr. Brinkmann, der Vor-
standsvorsitzende der Stiftung Warentest, fixiert mich ernst
mit seinen Augen, als könne und wolle er nicht glauben, was
ich da gerade gesagt habe. Es entsteht kurz eine peinliche Stil-
le. Seine Augen wirken durch die runden Brillengläser deutlich
größer – wie durch eine Lupe –, und genau dieses Augenpaar
hört nicht auf, mich anzustarren. Dann antwortet er endlich.
«Eine kühne These.» Ich sitze mit ihm in seinem Büro in der
Konzernzentrale in Berlin am Lützowplatz. Die Stiftung Warentest war mir schon immer als ein vertrauenswürdiges, un-
abhängiges Verbraucherschutz-Institut bekannt und hat mich
immer wieder in meinem Kaufverhalten beeinflusst. Nun will
ich in das Innenleben des Gütesiegels sehen.

Eine meiner ersten Fragen lautet: «Welche Fehler sind der
Stiftung Warentest denn schon unterlaufen?» Brinkmann
überlegt nicht lange: «Es gab bisher nur einen richtig großen
Fehler, bei dem wir unseren gesamten Testbericht zurück-
ziehen mussten. Das war die Untersuchung der Riesterrenten-
Versicherungen. Fünf Jahre ist das her. Da haben wir einen
mathematischen Fehler gemacht, der sich durch den ganzen
Test zog. In der nächsten Ausgabe kam das dann neu. Dass
Urteile korrigiert werden, kommt aber sehr selten vor. Mit-
unter korrigieren wir einzelne Aussagen. Wir entschuldigen
uns dann in einem Brief bei dem entsprechenden Unternehmen.» Fehler gehören demnach menschlicherweise zum Ge-

schäft und werden korrigiert. Vielleicht lassen sich aber auch die Kriterien für die Gesamtnote korrigieren, denn deshalb bin ich heute hier. Ich ärgere mich nämlich schon seit längerer Zeit darüber, dass das Qualitätsurteil der Stiftung Warentest zu wenig über die ökologischen und sozialen Standards bei der Herstellung und Produktion der getesteten Waren aussagt, ganz im Gegenteil zum Konkurrenten Ökotest. Genau darauf zielte die Provokation ganz zu Anfang ab. «Das ist richtig. Wir trennen die Qualitätsbewertung völlig von der Corporate-Social-Responsibility-Bewertung, also von der Betrachtung der Unternehmensverantwortung gegenüber der Gesellschaft», erklärt Brinkmann und baut sich gleich eine Verteidigungsstrategie zurecht: «ABER es gibt in unserem Heft CSR-Bewertungen, die jedoch eine eigene Zeile bekommen.» Das möchte ich sehen, und schon verschwindet er zu seiner Sekretärin. «Bitte holen Sie doch mal das Test-Heft mit den Fußbällen», lautet seine deutliche Anweisung. «Und noch einen Kaffee!», schiebt er hinterher. Zwei Minuten später liegen Heft und Kaffee vor uns. Den Kaffee lehne ich wie immer ab. Er schlägt das Heft, das übrigens aus Gründen der Unabhängigkeit keine Anzeigen beinhaltet, auf, und tatsächlich: Stiftung Warentest widmet dem Thema Unternehmensverantwortung von Sportartikelfirmen ganze drei Seiten. Dazu muss man wissen: acht von zehn Fußbällen kommen aus Sialkot in Pakistan. Und das weltweit. Fast alle Familien dort leben vom Fußbällenähen. Aber was heißt schon leben? Im Monat verdient so ein Näher 35 Euro. Ein Drittel von ihnen sind Kinder unter vierzehn Jahren. Für einen hochwertigen Fußball muss ein Näher die Nadel rund 1400-mal durch dicken Kunststoff treiben. Das dauert bis zu drei Stunden und bringt ihm höchstens 60 Cent. Ein handgenähter Fußball kostet in Europa aber bis zu 100 Euro. Das Merkwürdige beim CSR-Test der Stiftung Warentest ist nun, dass die Unternehmen erstaunlich gut wegkommen. Adidas, Nike und Puma werden allesamt mit dem Gütesiegel «stark engagiert» ausgezeichnet. Acht von zehn getesteten Fußbällen erhalten diese CSR-Höchstnote, fünf sind «engagiert» und immerhin weitere fünf zeigen «Ansätze» für ökologisches und soziales Engagement. Lediglich der Sportartikel-Hersteller Hudora aus Remscheid und der Discounter Aldi «haben gemauert und unseren Fragebogen nicht beantwortet», lässt die Test-Zeitschrift wissen. Außerdem findet man in dem Artikel den Satz: «Aus der Fußballindustrie ist Kinderarbeit weitgehend verbannt.» Seltsam, meine Zahlen und die der Verbraucherschutzzentrale belegen aber etwas anderes, wie gesagt: ein Drittel der Näher sind Kinder unter 14 Jahren. «Es gab auch nicht nur Fragebögen auszufüllen. Stichpunktartig waren wir vor Ort in Pakistan und haben die Produktionsbetriebe von Auditoren überprüfen lassen», verteidigt sich Prof. Dr. Brinkmann. Die genaue Anzahl der vor Ort untersuchten Betriebe lässt er allerdings offen. Es gibt aber noch weitere Ungereimtheiten: Es wurde nur EIN Fußball mit dem Fairtrade-Siegel getestet. Dieser bekam aber erstaunlicherweise nicht die Höchstnote im CSR-Bereich, sondern lediglich ein «engagiert». «Merkwürdig. Das kann ich mir jetzt auch nicht erklären», kommentiert Prof. Dr. Brinkmann. Die Auflösung finden wir im Text des Artikels. Hier wird darauf hingewiesen, dass dem Ball das Siegel inzwischen «entzogen wurde». Damit lautet die traurige Bilanz: Kein einziger getesteter Fußball kommt aus dem fairen Handel. Eine verpasste Chance. Denn mittlerweile gibt es einige Fußbälle auf dem Markt, die das Siegel der Fairhandelsorganisation Transfair tragen. Bei den Partnern des fairen Handels sind Zwangs- und illegale Kinderarbeit verboten. In den Fabriken sind eigenständige, unabhängige Vertretungen der Arbeiter zugelassen. Alle Beschäftigten sind berechtigt, sich einer unabhängigen Gewerkschaft anzuschließen und kollektiv über Löhne und Arbeitsbedingungen zu verhandeln. Das bedeutet insgesamt weit höhere Standards als die getesteten der Stiftung Warentest. Ich wundere mich wirklich, warum z.B. nicht der Fairtrade-Fußball «Ethletic» getestet wurde. Mit diesem Ball bin ich neulich in Hamburg als Mittelstürmer gegen die fußballverrückte Band «Kaiser Chiefs» angetreten, die ihn zu einem Charity-Spiel mitgebracht hatte. Und obwohl meine Fußballkünste eher erbärmlich als brasilianisch sind, haben wir – den St.-Pauli-Spielern in meinem Team sei Dank – die «Chiefs» am Ende im strömenden Regen mit 2:1 geputzt. Das aber nur am Rande. Entscheidend ist bei dieser Geschichte nur: Der Fußball rollte wie jeder andere auch und machte auch insgesamt einen guten Eindruck.

«Wir testen nur die Produkte, die man auch im Laden kaufen kann», entgegnet Prof. Dr. Brinkmann auf meine Kritik. Das kann aber nicht sein. Warum soll es die Fairtrade-Bälle nicht in einem normalen, gut sortierten Sportgeschäft zu kaufen geben? Ich entschließe mich, dies sofort nach dem Gespräch auszutesten. «Ich werde das überprüfen. Und zwar gleich», lautet meine Warnung an Brinkmann, der sich davon allerdings nicht sonderlich beeindruckt zeigt.

Bevor ich mich verabschiede, möchte ich noch wissen, wie oft denn so ein spezieller CSR-Test in der «Test»-Zeitschrift erscheint. Die Antwort ist ernüchternd: «Nur dreimal im Jahr.» Und das natürlich nicht bei allen getesteten Produkten im Heft, sondern nur bei einer bestimmten Produktpalette. Ich bin unzufrieden und möchte den Grund erfahren, kann mir aber leider schon denken, dass jetzt das Geld ins Spiel kommt. «Das wäre sonst der doppelte Aufwand. Eine CSR-Bewertung kostet zwischen 30 000 und 60 000 Euro pro Projekt.» Schade, dabei könnte ein so glaubwürdiges und anerkanntes Unternehmen wie Stiftung Warentest die Unternehmen mit einer dauerhaften CSR-Bewertung positiv unter Druck setzen und dazu bringen, die Produktionsstandards zu erhöhen. Etwas, wofür die Umweltorganisationen seit Jahren kämpfen. Doch es scheitert nicht nur am Geld. «Das Ganze wird von unseren Lesern noch unzureichend honoriert. Die Zeitschriften, in denen die CSR-Tests bisher veröffentlicht wurden, wurden nicht mehr als die anderen nachgefragt», erklärt Brinkmann. Jetzt trägt auch noch der Leser die Schuld. Meiner Meinung nach ist dieser Fakt kein Wunder, da die CSR-Tests bisher weder groß angekündigt noch konsequent umgesetzt wurden. Würde man beispielsweise ein «CSR-Special» veröffentlichen, in dem absolut jedes Produkt im Heft überprüft würde, wäre die Verkaufszahl wirklich aussagekräftig. Im Gegensatz zu Brinkmann glaube ich, dass die Menschen es befürworten würden, wenn als letzte Konsequenz auch die ökologischen und sozialen Standards in die Gesamtbewertung mit einfließen. Es kann doch nicht sein, dass der McDonald's-Hamburger ein «GUT» bekommt, aber ohne Gentechnik nie hergestellt worden wäre. Prof. Dr. Brinkmann springt auf. «Nicht doch 'nen Kaffee?», fragt er mich. Ich verneine abermals.

Als die Sekretärin den heißen Kaffee pünktlich zwei Minuten später liefert, zeigt sich Brinkmann erstaunlich offen: «Eine CSR-Verstärkung ist geplant, wenn die Nachfrage der Leser steigt.» Eine gute Möglichkeit, um Interesse an CSR-Tests zu demonstrieren, wären Leser-E-Mails. Aus eigener Erfahrung weiß ich, dass Chefs wirklich unheimlich gerne E-Mails der Zuschauer lesen, in diesem Fall natürlich der Leser. Da ist sie also, die naive Antwort auf die viel gestellte Frage: «Was kann ich tun?» Wie ich im Verlauf meiner bisherigen Reise schon öfter feststellen musste, ist es manchmal tatsächlich erschreckend leicht: einfach eine E-Mail schreiben.

Eine halbe Stunde später in einem großen Sportgeschäft am Alexanderplatz.

«Ich würde gerne einen Fußball kaufen.»

«Gerne, dann kommen Sie doch einmal mit. So, hier sind all unsere Fußbälle, über 25 Stück zur Auswahl.»

«Ich interessiere mich aber nur für Fußbälle aus fairem Handel, z. B. für die, die das Transfair-Logo tragen.»

«Das habe ich ja noch nie gehört. So etwas führen wir hier nicht. Ich schau aber mal im Lager nach.»

Ich erspare Ihnen an dieser Stelle die genaue Schilderung der Situation, in der der Verkäufer für zehn Minuten spurlos im Lager verschwindet und anschließend den Manager kontaktiert, der ebenso unwissend mit den Achseln zuckt. Ich gebe mich geschlagen. Der Herr Professor hatte in diesem Punkt, wenn auch nur in diesem, leider recht.

BESSERWISSERBOYKASTEN

Alles so einfach

Der Stiftung Warentest sind Fragen nach CSR-Kriterien finanziell zu aufwendig. Während sie sich von den Unternehmen in anderen Bereichen nicht abhängig machen möchte, vernachlässigt sie an dieser Stelle ihren objektiven Auftrag.

Anneliese Schmidt erklärt

Die Stiftung Warentest wurde 1964 gegründet und hat seither mehr als 78 000 Produkte getestet. Sie finanziert sich nicht über Anzeigen, um sich dem Einfluss der Industrie zu entziehen.

Die Wichtigkeit von CSR, Corporate Social Responsibility, wird bereits von vielen Unternehmen erkannt und entsprechend gelebt. Doch auch hier gibt es einige schwarze Schafe, die sie nur zur Imagepflege nutzen, da dem Begriff eine übergeordnete Definition fehlt. Es gibt keine festen Regeln und Gesetze und somit auch keine Sanktionen, falls man sich nicht konsequent verhält. So bekennt sich beispielsweise die Deutsche Bank zum CSR, sponsert aber eigentlich nur kulturelle Einrichtungen. Beim kleinsten Gewinneinbruch werden Tausende von Arbeitsplätzen gestrichen, was wiederum nichts mit Unternehmensverantwortung gegenüber der Gesellschaft zu tun hat. Hier wie auch bei den meisten DAX-geführten Unternehmen wird CSR als PR-Tool missbraucht. Einzig Thyssen-Krupp ist so ehrlich und vermeidet ein CSR-Bekenntnis. Aber die handeln ja auch mit Waffen. Das kann wohl keine PR-Abteilung schönreden ...

Baby ich tu's

Und damit sich jetzt keiner mit Unwissenheit und Faulheit aus der Affäre ziehen kann, hier die richtige Internetadresse: www.test.de. Dann auf «Kontakt» klicken, die vorgefertigte E-Mail ausfüllen und fordern, dass die Zeitschrift noch mehr CSR-Tests durchführt. Prof. Dr. Brinkmann ist übrigens noch fünf Jahre im Amt. Genügend Zeit, um die Kriterien für einen Test noch einmal zu überdenken und auch mehr Fairtrade-Produkte einzubeziehen.

Paul surft

www.test.de
www.konsumguerilla.net
www.weissliste.twoday.net

Blubbernde Töpfe. Fünf junge Menschen schwitzen, obwohl noch gar keine Kunden da sind. In einem Topf stecken zwei ganze, allerdings schon gerupfte Hühnchen, ohne Kopf. «Das wird ein Fond», erklärt mir Bobby Bräuer, der Chef in der Küche. Bräuer ist Sternekoch und trägt den Titel «Berliner Meisterkoch 2007». Er hasst spektakuläre Fernsehauftritte und gibt keine pompösen Werbeveranstaltungen. Er genießt demnach keinen Promistatus und ist glücklich darüber: «Ich brauche keine gesonderte Aufmerksamkeit.» Seit 25 Jahren ist Bräuer mittlerweile Koch. Als er 21 war, hat er seine Lehre begonnen. Davor wusste er nicht so recht, wohin mit seinem Leben, und wollte sich als Barkeeper durchschlagen. Bobby ist ein Münchner Original. Es hätte auch keinen Zweck, seine Herkunft zu verbergen, denn sein Dialekt würde ihn immer bloßstellen. Seit vier Jahren leitet er jetzt schon das Sternerestaurant «Quadriga» in einer feineren Gegend in Berlin. Das Besondere an Bobby: Er ist Mitglied bei Slowfood, einer ursprünglich aus Italien stammenden Bewegung, die sich gegen Fastfood, schlechte Nahrungsmittel und hektisches Essen einsetzt. Als Mitglied von Slowfood benutzt Bräuer nur Produkte aus der heimischen Umgebung. Das Motto des Slowfood-Gründers Carlo Petrini: Buono, pulito e giusto – gut, sauber und fair. Wenn ein Element fehle, ist das laut Petrini nicht Slowfood. Hört sich elitär an, ist es auch. «Aber jeder kann Mitglied werden. Es ist vielmehr ein Kodex, an dem wir uns orientieren. Man ist nicht weisungsgebunden», erklärt Bräuer. Also eine kleine, geheime Sekte der wirklich guten Köche und Feinschmecker. Das Logo von Slowfood ist die Schnecke – Symbol der Langsamkeit. Erkennen sich die einzelnen Mitglieder etwa an der Schneckentätowierung auf dem Unterarm? Bräuer lacht: «Keine Verschwörungstheorien, bitte.» Die Gründungsgeschichte von Slowfood passt wunderbar in dieses Buch, denn sie bestätigt wieder einmal meinen Grundgedanken über gesellschaftliches Engagement: Protest kann etwas bewegen. Im Jahre 1986 sollte in Rom direkt an der Spanischen Treppe ein Fastfood-Restaurant gegründet werden. Der italienische Meisterkoch Carlo Petrini konnte diesen Gedanken nicht ertragen und trommelte all seine Kochkollegen zusammen. Die Protestidee sah folgendermaßen aus: Zur Versinnbildlichung der regionalen Küchentradition wurde an der Spanischen Treppe eine riesige Tafel aufgebaut und Spaghetti gekocht. Die Presse war natürlich auch geladen. Obwohl der Bau des Fastfood-Restaurants mit dieser symbolischen Aktion nicht verhindert werden konnte, sorgte sie für die Geburt der Slowfood-Bewegung. Ich erinnere mich selbst daran, dass vor etwa zwölf Jahren bei unserer Oberstufenfahrt nach Rom zwischen den hochwertigen Kulturgenüssen Trevi-Brunnen und Kolosseum nochmal «schnell 'ne Pommes» dieser Riesenfiliale, die sogar mit einem riesigen Plastikspringbrunnen ausgestattet war, in meinem Magen gelandet ist. Das aber nur aus einem Grund: Alle anderen kulinarischen Genüsse waren einfach nicht bezahlbar. Verdammte Touristenpreise!

Mittlerweile hat sich die Option aber erledigt und Carlo Petrini einen späten Sieg errungen. «Jetzt endlich, nach über zwanzig Jahren, ist die Filiale geschlossen», so Bobby Bräuer, der mich höflich dazu auffordert, doch seine frische Fischsoße zu probieren, an der er schon den ganzen Morgen werkelt. Ebenso höflich erwidere ich, dass ich schon seit über fünfzehn Jahren strikter Vegetarier sei und ich überhaupt nichts esse, das Familie und Augen habe. «Schwachsinn. Die Soße hat doch gar keine Augen», brummt Bräuer ein wenig beleidigt und lenkt meine Aufmerksamkeit schnell auf einen riesigen Ofen. «Beim neuen Umluftofen kann alles, aber auch wirklich alles programmiert werden. Der genaue Bräunungsgrad kann eingestellt werden ebenso wie das Gehenlassen des Hefeteiges. Auf Fühlen oder Tasten muss man sich nicht mehr verlassen.» In Bräuers Worten liegt Abscheu. «Wieder so ein Zeichen, dass die Kultur des Kochens verloren geht. Die neuen Köche lernen ihr Handwerk ja gar nicht mehr. Ich weigere mich strikt, diese Funktionen zu benutzen. Bei der Probe, ob z.B. eine Terrine fertig gegart ist, halte ich mir noch immer die Nadel an die Unterlippe.» Die übrigen Nachwuchsköche lächeln bei seinen Worten. Es ist solch ein mitleidiges Generationenlächeln Marke: «Der Alte ist komplett von gestern.» Der Tellerwäscher spült derweil unbeirrt weiter. «Ich spüle auch selber ab», betont Bräuer, der um jeden Preis den Eindruck vermeiden will, dass es ihm nur darum gehe, den Chef zu spielen. Er lebt vielmehr das Kochen und packt hier sechs Tage die Woche über zwölf Stunden pro Schicht voller Leidenschaft mit an. Laut schreien kann er trotzdem. «Weitermachen, Männer!», brüllt er, bevor er mit mir die Küche verlässt.

Bräuer hat keine Kinder, vielmehr seien seine Kinder «die Azubis in der Küche». Ich möchte jetzt im sehr gemütlich eingerichteten Kaminzimmer überprüfen, ob die Speisekarte das hält, was der Kodex von Slowfood vorgibt. «Seezunge von der Felsenküste Galiziens», «Nagelrochen Dublin-Bay mit Weinbergschnecken aus der Provence» und «Wolfsbarsch aus dem Atlantik». Merkwürdig. War nicht die Vorgabe von Slowfood, gerade regionale Produkte zu verwenden? «Natürlich sind wir ständig auf der Suche nach neuen Produzenten im Umland und deutschlandweit. Aber natürlich müssen wir auch Atlantikfische kaufen, da unsere Gäste das bei einem Restaurant dieser Klasse erwarten. Und diese werden leider nicht in Nord- und Ostsee gefangen. Wir achten aber darauf, dass es sich um geangelte Ware und keinen Netzfang handelt», verteidigt sich Bräuer. Die Preise sind der nächste Kritikpunkt. Unter 200 Euro zu zweit geht gar nichts. Ein 5-Gänge-Menü kostet pro Person 105 Euro, ein 7-Gänge-Menü inklusive «korrespondierender Weine» 225 Euro pro Person. Ich bestelle mir zum Test das billigste Gericht. Ohne korrespondierenden Wein. Einen kleinen Ziegenkäse mit Honig und Thymian für 14 Euro, der natürlich eigentlich eine Vorspeise ist. «Die Preise müssen so sein. Wir können das sonst hier alles nicht finanzieren», kommentiert Bräuer meinen «Das-ist-alles-viel-zu-teuer»-Blick. Der Ziegenkäse schmeckt vorzüglich, ist nur leider in drei Happen gegessen. Trotzdem kein Wunder, dass sich Jugendliche und Normalverdiener hier so gut wie nie blicken lassen, weil es unbezahlbar ist. Sie essen wie die meisten Deutschen lieber an der Currybude, bei Aral, in irgendwelchen Kaufhausketten und Kantinen. Auf der anderen Seite guckt der Deutsche Kochsendungen wie blöd, nur kochen tut er offenbar deswegen noch lange nicht. «Es geht bei vielen nur noch um die reine Nahrungsaufnahme», meint Bräuer, der von Italien und Frankreich schwärmt, weil man da zwischen 13 und 15 Uhr niemanden erreiche – Essenszeit! Das Schlimmste für Bräuer sind Ein-Zwei-Euro-Döner-Buden: «Oft reicht schon der äußere Eindruck!» Für einen Sternekoch sind diese Imbisse keine Orte, die er gern von innen sehen würde! Wie passend, dass ich für meinen Teil genau das jetzt vorhabe.

BESSERWISSERBOYKASTEN

Alles so einfach

Es geht wohl kein Weg am eigenen Herd vorbei, wenn man ökologisch bewusst essen will und es sich auch noch leisten können möchte. Klar ist, dass ich mir ein Essen bei Bobby Bräuer nur an einem besonderen Tag im Jahr erlauben kann, auch wenn die Idee, die hinter Slowfood steckt, sehr gut ist.

Baby ich tu's

Wenn es finanziell möglich ist, konsequent Öko-Produkte vom Wochenmarkt oder aus dem Bio-Supermarkt kaufen. Je mehr Öko-Produkte gekauft werden, desto mehr wird sich die Industrie am Verbraucherverhalten orientieren und ökologisch wertvolle Produkte anbieten.

Paul surft

www.slow-food.de
www.bioland.de
www.food-monitor.de

Ich stehe in Hamburg an der U-Bahn-Haltestelle «Schlump». Von einer Freundin bekam ich den Tipp, eine Imbissbude in der Nähe mal etwas genauer zu überprüfen, da sie doch einen sehr «schmuddeligen» Eindruck mache. Ich marschiere also schnurstracks in den Laden, um für genau 60 Minuten ein «Döner-Praktikum» zu absolvieren.

Der Imbiss ist äußerst spartanisch mit Plastikmöbeln eingerichtet. Der obligatorische Spielautomat steht in der hinteren Ecke, ein großer Kühlschrank voll mit Bier und Biermixgetränken befindet sich gleich neben der Eingangstür. Der Döner kostet hier 2,50 Euro, was für Hamburger Verhältnisse sehr günstig ist und ein Indiz dafür sein könnte, dass es qualitative Mängel gibt. Die geschätzten 150 g Fleisch, die in so einem Döner verarbeitet werden, kosten schon im Einkauf 2 Euro. Rechnet man nun noch Brot, Tomaten und Zwiebeln hinzu, kann eigentlich kein Gewinn übrig bleiben – außer man arbeitet mit frischem Gammelfleisch. Thilo Bode und Bobby Bräuer wären nicht begeistert. Ansonsten wirkt der Laden beim ersten Eindruck so normal wie jeder andere Nullachtfünfzehn-Schnellimbiss. Hinter der Theke steht der 29-jährige Bülent, der mit seinem hohen Haaransatz und der pockennarbigen Gesichtshaut den perfekten James-Bond-Schurken abgeben würde.

Bülent möchte von mir wissen, welche Leckereien ich gerne essen würde. Als ich ihm erkläre, dass ich nur einmal hinter die Kulissen schauen möchte, da ich als Journalist einen kleinen Artikel über seinen Imbiss schreiben wolle, ernte ich tiefstes Misstrauen. «Du kommst doch bestimmt vom Gesundheits- oder Arbeitsamt», behauptet Bülent mit türkischem Akzent. Ist das etwa ein Zeichen dafür, dass es hier tatsächlich schon Probleme gegeben hat, wenn jeder, der nichts verspeist, gleich verdächtig ist? Ich beruhige Bülent und versuche ihm zu erklären, dass die Leute vom Gesundheitsamt doch bestimmt andere Kleidung als ich tragen würden. «Nein. Die tarnen sich neuerdings gut. Ich glaube dir kein Wort. Gib doch zu, dass du einer von denen bist», kontert Bülent. Erst als ich ihn erneut beschwichtige, meinen Presseausweis zücke und verspreche, den Namen des Imbisses nirgendwo zu erwähnen, lässt er sich auf den Deal ein. Misstrauisch bleibt er trotzdem. «Ich darf dich doch eigentlich nicht hinter die Theke lassen. Wenn mein Chef das sehen würde. Oder das Amt jetzt kontrollieren würde», gibt Bülent zu bedenken. Ein ängstlicher Zeitgenosse.

Es ist bereits spät am Abend, und nur zwei weitere Gäste sitzen an einem Plastiktisch und futtern Döner mit Pommes und «extra viel Mayo». Die beiden älteren Herren tragen seltsame Filzhüte, und den Augenringen nach zu urteilen, haben sie mindestens zwei Nächte nicht geschlafen. Ich biete Bülent an, ihm gerne ein wenig auszuhelfen, und betone, dass ich mich natürlich über die offizielle Imbissbudenverkäuferschürze freuen würde. Endlich habe ich ihn weich geklopft: Er willigt tatsächlich ein und reicht mir eine Schürze zum Umbinden. Die Theke sieht nicht besonders einladend aus. Der Krautsalat hat bereits seine ursprüngliche Farbe verloren, die fettige Mayo-Cocktailsauce hat an der Oberfläche schon eine leichte Kruste gebildet, und die Fleischspieße liegen labberig ohne Untersatz auf dem Grund der Auslagefläche. Ich beginne mit meiner kleinen geheimen Inspektion. Der Augenblick ist günstig, da Bülent in diesem Moment einen neuen Kunden bedienen muss. Also rein in die kleine Küche nebenan. Der Boden ist erstaunlicherweise wirklich sauber. In der Spüle liegen aber noch nicht entsorgte Essensreste: das Gerippe eines halben Hähnchens und angekaute Würste. Fruchtfliegen freuen sich über dieses Festmahl. Auf dem Schneidebrett liegt das Fleisch, das noch für die Spieße kleingeschnitten werden muss. Ungekühlt. Die Einhaltung der Kühlkette wird sowieso generell deutlich überschätzt. In diesem Augenblick betritt Bülent die Küche. «Was machst du hier? Du bist doch vom Gesundheitsamt!», sagt er zornig. Ich verneine abermals und frage ihn, ob ich nicht einen Blick in seinen Kühlschrank werfen könne. «Na, gut. Aber nur, wenn du nicht vom Amt bist», antwortet er pfiffig. Er öffnet den Kühlschrank, und schon fliegen zwei weitere Fruchtfliegen heraus. Das übliche Weiß des Kühlschrankinneren hat hier einen leicht gelblichen Ton, ansonsten ist aber nichts Auffälliges zu bemerken. Im Gegenteil, er ist erstaunlich leer. «Das ganze Fleisch ist in unserer großen Gefriertruhe», klärt mich Bülent auf und fügt hinzu: «Wegen der Kühlkette.» Das macht natürlich Sinn. Die Kühlkette. Ich frage ihn, warum denn dann das Fleisch hier so offen auf dem Schneidebrett liegen würde. «Das wird doch heute noch gegessen», lautet seine äußerst plausible Antwort. Die Gefriertruhe ist voll mit bereits panierten Schnitzeln und einem gefrorenen Acht-Kilo-Dönerspieß. Ich möchte von Bülent wissen, warum er den Döner in seinem Laden so billig verkauft. 2,50 Euro. Da steckt doch bestimmt Gammelfleisch dahinter. «Nein, nix mit Gammelfleisch. Aber ich kann doch auch nicht überprüfen, wie der Döner gemacht ist. Ich weiß aber, dass er aus Geflügel gemacht wird», lautet Bülents Antwort, die man so bestimmt auch aus jedem anderen Imbiss hören wird. Äußerst beunruhigend. Der Hersteller wird vom Einkäufer nicht richtig überprüft. Man verlässt sich auf das gesprochene Wort, es gibt viel zu wenige Kontrollen. Ein Grundproblem in der Nahrungsmittel- und besonders in der

Fleischindustrie. Ich frage Bülent, ob nach den vielen Gammel-
fleischskandalen der Fleischkonsum zurückgegangen sei. «Eine
Woche kommen dann weniger Kunden. Aber in der nächsten
Woche ist wieder alles beim Alten.» Der Verbraucher, ein ver-
gessliches und verzeihendes Wesen. Oder einfach nur dumm?
Ich frage, wie lange der gefrorene Döner noch haltbar ist. Bü-
lent hebt ihn aus der Gefriertruhe. Das Datum ist zugefroren.
Bülent reibt über die Folie, und man kann verschwommene
Zahlen erkennen. «2007». Das Jahr stimmt schon mal. Beruhi-
gend. Dann wird der Rest erkennbar: «Best before 24. Oktober.»
Wir haben bereits den 31. Oktober.

Ich hätte wirklich nicht erwartet, dass dieses Klischee jetzt
auch noch erfüllt wird. Armer Bülent. Er schaut mich verwundert an und ist kurz sprachlos. «Merkwürdig. Eigentlich
nicht möglich», kommentiert er knapp. Doch, das ist möglich.
«Na ja, sechs, sieben Tage machen da meist nicht so viel aus.»
Das ist tatsächlich seine einzige Verteidigung. Dieser «frische»
Döner wird also morgen noch den ahnungslosen Kunden serviert werden. Bülent macht schnell das Licht in der Küche aus
und bittet mich zurück zur Ladentheke. Er möchte über dieses
Thema jetzt kein Wort mehr verlieren, sondern beginnt mir
seine Lebensgeschichte zu erzählen. Geboren in der Türkei,
musste der gelernte Buchhalter aus «privaten Gründen» nach
Deutschland ziehen. Er deutet Probleme mit seinen Eltern an,
möchte aber nicht weiter darauf eingehen. In Deutschland
findet er dann keinen Job als Buchhalter, aber eine deutsche
Frau, die er sofort heiratet. Später marschiert er aus Geldnot
einfach in diesen Imbiss und bittet um eine Anstellung. Jetzt
steht er seit fünf Jahren hinter der Theke, hat die Hoffnung
aufgegeben, jemals wieder als Buchhalter zu arbeiten, und ist
seit einem Jahr Vater eines Jungen. Die Beziehung zu seiner
Frau sei aber zerrüttet, sie hat die Scheidung eingereicht. «Als

ich meinen Sohn meinen Eltern in der Türkei zeigen wollte, hatte sie Angst, dass ich ihn entführe und nicht mehr wiederkomme.» Aufgegeben hat er aber nicht: «Ich werde zwar kein Buchhalter mehr, aber vielleicht irgendwann mein eigener Chef in meinem eigenen Imbiss.»

Ich konfrontiere Bülent mit meinen gesammelten hygienischen und gesundheitlichen Bedenken bezüglich seiner Ware. Wenn ich jetzt tatsächlich vom Gesundheitsamt wäre, müsste er bestimmt eine hohe Strafe zahlen, wenn nicht sogar gleich den Laden dichtmachen. Bülent winkt ab: «Ja, die können Ärger und Stress machen. Aber solange das Fleisch nicht wieder anfängt zu leben, kommt man da auch irgendwie wieder raus.» So sieht es also bei uns aus: Inspekteure werden belächelt und die Kunden mit Ware konfrontiert, deren Herstellungsgeschichte sie lieber nicht kennen sollten. Köstliche Aussichten. Vielleicht ist es besser so. Dumme haben also mehr Spaß am Essen. Doch besser ist, man meidet die Billigbrater. Sicher ist ein 5-Euro-Döner auch kein sicherer Hinweis auf ein sauberes Angebot, aber es erhöht die Chancen auf einen «gesunden» Fastfood-Genuss.

Mir reichen meine 60 Minuten Döner-Praktikum. Ich verabschiede mich von Bülent, den ich wirklich ein wenig ins Herz geschlossen habe, da er sich mir gegenüber geöffnet hat und ein echt sympathischer Kerl ist. Essen möchte ich hier trotz meines Hungers aber nicht. Ich freue mich auf meine eigene Küche, da zu Hause zu kochen eh die günstigste Alternative ist.

Übrigens, kleines Detail am Rande: Bülent hatte einen heftigen Schnupfen. Taschentücher hat er nicht benutzt.

BESSERWISSERBOYKASTEN

Alles so einfach

Die Umstände, wie mancher Döner zubereitet oder gelagert wird, sind fast abenteuerlicher als Geschichten aus 1001 Nacht. Wenn wir sonst in Deutschland zu viel Behördentum beklagen, fragt man sich, warum nicht die an anderer Stelle überflüssigen Beamten alle zu Lebensmittelkontrolleuren ausgebildet werden und man sie durch jedes Schnellrestaurant in Deutschland schickt – und zwar wöchentlich!

Anneliese Schmidt erklärt

Der Döner wurde vor über 30 Jahren erfunden und ist mittlerweile das beliebteste Fastfood-Gericht in Deutschland. Jeden Tag werden in rund 15 000 Imbissläden zwischen 200 und 300 Tonnen Dönerfleisch verkauft. Tendenz steigend ...

Baby ich tu's

Ein guter Döner sollte mindestens drei Euro kosten! Gesunde und frische Zutaten fordern ihren Preis. Auch darauf achten, dass das Fleisch nicht zu dunkel und der Spieß nicht zu klein ist. Letzteres deutet darauf hin, dass das Ganze schon mehrfach erwärmt wurde.

Paul surft

www.doeneressen.de
www.was-wir-essen.de
www.fachkreis-lebensmittelhygiene.de

Beim Zeitungslesen entdecke ich eine tolle Anzeige von McDonald's. «Komm backstage und schau hinter die Kulissen», fordert mich der Fastfood-Riese ganzseitig auf. «Was wirklich hinter der Theke passiert! Für alle, die mehr wissen wollen, gibt's die Möglichkeit, bei McDonald's einen Blick hinter die Kulissen zu werfen. In Gruppen von 5–10 Personen geht's auf eine Tour durchs Restaurant. Da bleiben keine Fragen offen!», wird uns allen in Anzeigen oder auf der Firmen-Webseite versprochen.

Das finde ich interessant. So wie ich bei Bülent darf jeder andere auch in die geheime Küche der Burgerbrater blicken. Ich soll mich nur kurz per E-Mail anmelden und schon würde ich mich hinterm Grill befinden, suggeriert mir die Anzeige. Da ich mir vorstellen kann, dass die Damen und Herren von McDonald's bei meinem Namen an nichts Gutes denken, bitte ich zwei Freundinnen von mir, sich für die Sightseeing-Tour anzumelden. Während Vanessa sich für einen Blick hinter die Kulissen in Berlin interessiert, meldet sich Annika bei McDonald's in Hamburg an. Beide Damen sind gespannt, wer wohl die Erste sein darf, die Big Mäc und McRib beim Entstehen zuschaut. Doch dieser spannende Wettbewerb hat leider nur Verlierer. Weder Annika noch Vanessa haben nach zwei Wochen eine Antwort von den sonst so schnellen Burger-Köchen.

Nach vier Wochen starten die beiden einen zweiten Versuch. Wenigstens Vanessa erhält nach weiteren zwei Wochen eine E-Mail, dass sie sich noch etwas gedulden müsse, weil die zuständige Dame im Urlaub sei. Da ich nicht davon ausgehe, dass McDonald's mehr als 28 Tage Jahresurlaub gewährt, animiere ich meine beiden Spione, nach sechs Wochen einen erneuten Kontaktversuch zu starten. Sie melden sich also nochmals über die Webseite für die «Behind the scenes»-Tour an. Doch auch nach weiteren vier Wochen hören wir vom Goldenen M nichts.

Unglaubliche fünf Monate später liegt ein Brief vom Erfinder des Big Mäc im Briefkasten. Annika wird gefragt, wie ihr denn die Backstagetour bei McDonald's gefallen hat, und ob wir mal schnell den Fragebogen ausfüllen können? Die sind ja lustig! Annika ruft sogleich die Kontaktperson an, die auf dem Fragebogen verzeichnet ist, und macht ihrer Enttäuschung Luft. Professionell erklärt ihr die McDonald's-Dame, dass das natürlich nicht ihre Schuld sei. «Wir geben den Filialen Bescheid, wenn Besuchswünsche geäußert werden. Die koordinieren dann den Termin mit Ihnen.» Klingt gut. Doch die Realität sieht anders aus. Die Dame verspricht Annika, zeitnah einen Termin zu besorgen. «Die Filiale meldet sich dann bei Ihnen – versprochen!» Nun sollte man annehmen, dass ein Konzern, der es schafft, uns allen einzureden, seine Burger seien die gesündesten der Welt und Mayonnaise und fettige Pommes glichen Gesundbrunnen, auch in der Lage ist, einen einfachen Termin zu koordinieren – noch dazu, wenn er es in der Werbung verspricht. Doch Annika wird abermals enttäuscht und vor lauter Trauer wohl nie wieder am «Schmecktakel» teilnehmen oder die «Los Wochos» genießen können. Aber was heißt auch zeitnah? Vielleicht sind wir ja auch selbst schuld und nur zu ungeduldig?

Nach einer Woche hat sich immer noch niemand gemeldet. Annika ruft die Absenderin des Fragebogens wiederholt an, doch drei Anrufe bleiben ohne Antwort. Immerhin hat sie mehr Kontakt mit der Burger-Kette als Vanessa. Die hat immer noch nichts gehört und aufgegeben.

Jetzt reicht es, denke ich mir. Höchste Zeit, einmal persönlich zu meinem favorisierten Fastfood-Feind zu pilgern. Die Uhr schlägt Mitternacht im Hamburger Arbeiterviertel Barmbek. Die Gelegenheit ist günstig. In der Filiale von McDonald's ist, besser gesagt: isst keine Menschenseele. Ich gehe zügig zum Tresen und erkläre mein Problem einem jungen, blonden Mitarbeiter, dessen Haut mitten in der Pubertät steckt. «Ahh, die Backstagetour. Ja, ich erinnere mich an die Werbung. Das ist ja merkwürdig, dass Sie da keine Antwort bekommen haben ...» Er hält kurz inne, und dann bemerke ich, wie seine Augen immer größer werden: «Moment, mal ... Bist du nicht dieser Tobi Schlegl? Na, klar darfst du mal hinter die Kulissen. Kann ich ein Foto bekommen? Ich muss nur noch meine Kamera suchen ...» Der blonde Kerl verschwindet auf der Stelle und lässt mich ein bisschen ratlos, aber erfreut zurück. Ich gebe zwar keinen Cent darauf, erkannt zu werden, aber vielleicht hilft mir diese Tatsache heute tatsächlich nach monatelangen Versuchen, endlich zum Ziel zu kommen. In diesem Augenblick kommt eine etwas ältere Mitarbeiterin auf mich zu. Sie sieht ein bisschen aus wie Angela Merkel, als sie damals Umweltministerin wurde: derselbe Kurzhaarschnitt und dieselben dunklen Augenhöhlen. «Ich bin die Schichtchefin. Was wollten Sie denn von meinem Kollegen?» Ich erkläre ihr abermals mein Problem, sehe aber diesmal keine erweiterten Pupillen, sondern vielmehr ein sich verfinsterndes Gesicht. «Ich weiß nicht, warum mein Kollege Ihnen das versprochen hat. Hier darf keiner hinter die Theke! Das kann nur mein Chef erlauben.» Auf meine Nachfrage, wann denn dieser Chef persönlich zu sprechen sei, gibt es eine klare Antwort: «Der kommt nur einmal kurz, unangemeldet in der Woche.» Na, das sind ja mal flexible Arbeitszeiten. Ich lasse aber nicht locker, sondern verweise auf das vollmundige Werbeversprechen ihres Arbeitgebers. Ihr Blick wird nicht freundlicher. Dann scheint sie aber einen Einfall zu haben und greift in eine Schublade hinter der Theke und zaubert einen Flyer hervor. «Melden Sie sich hier. Das könnte klappen.» Ich würdige den Zettel keines Blickes, denn ich habe keine Lust, wieder etliche E-Mails zu schreiben und vertröstet zu werden. Ich gebe mich hiermit offiziell geschlagen. Als ich aus der Eingangstür ins Freie trete, wage ich aber trotzdem noch einen letzten Blick auf den Flyer vom Merkel-Look-a-like. Und muss schallend loslachen. Auf dem Flyer steht: «Jobs mit Zukunft. Starten Sie Ihre Karriere bei uns! Als Mitarbeiter im Restaurant (m/w) oder Auszubildender zur Fachfrau/zum Fachmann für Systemgastronomie». Das ist also offenbar meine einzige Chance, jemals hinter die Kulissen dieses Konzerns zu blicken. Gar nicht so blöd. Man merke sich: Um das System zu unterwandern, muss man erst Teil davon werden. Das geht mir dann aber doch ein wenig zu weit. Der blonde Mitarbeiter sucht übrigens noch immer seine Kamera.

Hamburg-Altona. Eine Stunde später. Zu Recht habe ich bisher den König unter den Burgerbratern kritisiert, aber seine Konkurrenz sollte sich nicht in Sicherheit wiegen. Ich starte einen letzten Versuch, diesmal bei «Burger King». Vielleicht habe ich hier eine Chance, als Spion in der Küche zu enden. An der Theke stürmt ein gutgelaunter Mitarbeiter auf mich zu, der aussieht wie Eddie Murphy vor zwanzig Jahren. «Ach, hallo Tobi!», begrüßt er mich. Na, das funktioniert ja großartig mit der Inkognito-Recherche, gleich wird er seine Kamera suchen und für immer von der Erde verschluckt werden. Da er erstaunlicherweise stehen bleibt, erkläre ich ihm meinen Wunsch und verweise auf die Konkurrenz: «Bei McDonald's darf jeder hinter die Kulissen gucken. Habe ich gerade heute gemacht. Die werben sogar damit.» Ich bin mir an dieser Stelle für keine Finte zu schade. Steve, so heißt Eddie übrigens wirklich, fängt laut an zu lachen. «Haha ..., na, du bist mir aber ein Lustiger, Tobi. Nein, so was gibt es hier nicht. Ich verstehe auch nicht, warum McDonald's das überhaupt macht. Bei uns kommt keiner hinter die Theke. Guck dir doch nur mal deine Schuhe an.» Nun, so richtig weiß sind meine Schuhe tatsächlich nicht mehr. Ich biete ihm deshalb an, dass ich sie auf der Stelle ausziehen und todesmutig auch nur auf Socken herumlaufen würde. Schon wieder wird gelacht. «Hahaha ... köstlich! Du bist echt 'ne Type!» Ich frage ihn nach seinem Chef und ernte eine noch nie zuvor gehörte Antwort: «Der ist so gut wie nie da. Kommt einmal die Woche.» Ich frage mich an diesem Punkt wirklich, ob ich nicht den falschen Beruf habe. Der noch immer blendend gelaunte Steve merkt mir meine Enttäuschung an: «Warte kurz. Ich habe da eine Idee, damit dein Besuch sich hier doch gelohnt hat.» Er rennt kurz in den linken hinteren Seiteneingang. Als er kurz darauf wieder auftaucht, sind seine Arme hinter dem Rücken versteckt. Nur wenige Sekunden später schmückt eine wunderschöne Burger-King-Krone aus Pappe mein Haupt. «Hahaha ..., steht dir echt gut.» Als ich die Straßenseite wechsle, bilde ich mir ein, Steves Lachen noch immer hören zu können. Die Krone habe ich an diesem Abend noch ca. 45 Minuten mit Stolz getragen. Dann hat sie mir der Türsteher eines Hamburger Clubs vom Kopf gerissen.

BESSERWISSERBOYKASTEN

Alles so einfach

Der Werbung ist also nicht zu trauen. McDonald's nimmt es mit der Backstagetour offenbar genauso ernst wie mit seinem Essen, das uns immer wieder als gesund verkauft wird.

Leider ist das nicht nur bei dem Fastfood-Riesen so: Es wird viel versprochen, aber wenig gehalten. Warum ist eigentlich noch kein Werber Politiker geworden?

Anneliese Schmidt erklärt

2 700 000 000 Euro Umsatz hat McDonald's im Jahr 2007 in Deutschland gemacht. 55 000 Mitarbeiter beschäftigt die Firma. Über den Gewinn gibt es in Deutschland keine Angaben. In den USA, wo der Gewinn bekanntgegeben werden muss, liegt er bei knapp 10 Prozent des Gesamtumsatzes. Auf Deutschland übertragen wären das 270 Millionen Euro.

Zusammen mit seinen Zulieferern und Kunden spendet McDonald's jedes Jahr 3,5 Millionen Euro für die eigene Kinderhilfe. Stellen Sie sich vor, Sie verfügen über ein Nettoeinkommen von 15 000 Euro im Jahr, abzüglich von Miete, Auto, Essen und Urlaub bleiben Ihnen vielleicht 1000 Euro als Rücklage fürs Alter. Davon spenden Sie jedes Jahr 13 Euro für eine gemeinnützige Einrichtung, nicht ohne vorher Ihre Freunde und den Tante-Emma-Laden für die gute Sache anzupumpen. Die Spende veröffentlichen Sie dann auch noch in der örtlichen Tageszeitung auf einer halben Seite. Dann haben Sie eines von vielen bedenklichen Prinzipien der weltweit größten Fastfood-Kette erkannt.

Baby ich tu's

Schreiben Sie McDonald's, dass auch Sie an der Backstage-tour teilnehmen wollen. Je mehr genervte Kunden der Bur-ger-Konzern in den Hotlines hat, umso eher wird er sich bemühen, seine Versprechen zu halten.

Paul surft

www.mcdonalds.de

www.mcwiderstand.de

www.fastfood-rezepte.de

Der Himmel ist blau. Und ich stelle mich darauf ein, dass mir heute Nazis über den Weg laufen. Das Problem des schwelenden Rechtsextremismus war auch im N-Rat ein Thema und ist eine wichtige Komponente der Zukunftsfähigkeit, denn wer Teile der Gesellschaft mit Gewalt und Hass verdrängen will, handelt natürlich alles andere als sozial. Ich sitze im Regionalexpress nach Halberstadt in Sachsen-Anhalt. In Halberstadt sind im Juni 2006 fünf Ensemblemitglieder des Nordharzer Städtebundtheaters brutal von Rechtsextremen verprügelt worden. Sie erlitten Rippen- und Kieferverletzungen, Nasenbeinbrüche und Augenverletzungen. Ich habe eine Verabredung mit dem Theaterintendanten André Bücker, der gerade auf dem Heimweg war, als die fünf Schauspieler Opfer der Neonazis wurden.

Ich will von ihm wissen, was seitdem passiert ist, wie sich der Rechtsruck im Alltag bemerkbar macht, und die eine Frage stellen, die sich alle stumpfen Mitläufer der Gesellschaft immer stellen, wenn sie in den Medien einen Bericht über solche Ereignisse sehen: Was kann ich dagegen tun? Ich selbst hatte glücklicherweise noch keinen direkten Nazi-Kontakt und kann es mir auch nicht vorstellen, in einer Stadt zu leben, in der mir diese Problematik ständig sichtbar über den Weg läuft. Trotzdem habe ich mich schon früh für den Kampf gegen Neonazis stark gemacht. Ich bin auf Demos gegangen und habe mit meiner Band auf mehreren «Rock-gegen-Rechts»-Konzerten gespielt. Dabei gab es aber nie Rechtsradikale, die uns bedroht haben. Genau deshalb bin ich gespannt, mit jemandem zu reden, für den Nazis zum Alltag gehören. Gibt es in Halberstadt No-go-Areas, also Orte, die man abends nicht mehr betreten sollte, weil Neonazis sie kontrollieren? Die harten Fakten sprechen eine klare Sprache: In Sachsen-Anhalt ereignen sich besonders viele rechtsextremistische Straftaten. Im bundesweiten Vergleich der «politisch motivierten Gewalttaten mit rechtsextremistischem Hintergrund» – so der offizielle Begriff – liegt Sachsen-Anhalt an der Spitze. Die rechtsextreme Nationaldemokratische Partei Deutschlands, NPD, sitzt in Sachsen und Mecklenburg-Vorpommern im Landtag. Die Gesinnungsbrüder der Deutschen Volksunion, DVU, waren einige Jahre in der Bremischen Bürgerschaft vertreten. Rechtsextremismus ist also kein rein ostdeutsches Phänomen, aber hier tritt es besonders häufig auf. In Sachsen-Anhalt gab es laut Jahresstatistik 2007 des Innenministeriums 1350 rechtsextreme Straftaten – die Dunkelziffer liegt wahrscheinlich höher. Außerdem gerät das Land immer wieder mit spektakulären Vorfällen in die Schlagzeilen. Drei Beispiele aus dem Jahr 2006:

– Am 9. Januar verprügelten Rechtsextremisten in Pömmelte einen zwölfjährigen Jungen, dessen Vater aus Äthiopien stammt.
– Am 8. März verhinderte die Stadtverwaltung von Halberstadt ein Solidaritätskonzert von Konstantin Wecker in einem Gymnasium. Begründung: Wenn Wecker in die Aula dürfe, müsse man auch der NPD erlauben, dort Veranstaltungen abzuhalten.
– Am 24. Juni verbrannten Rechtsextremisten in Pretzien öffentlich das «Tagebuch» der von den Nationalsozialisten ermordeten Jüdin Anne Frank.

So sitze ich nun im RE gleich hinter einem jungen, stark sächselnden Pärchen. Sie erfüllen jedes Klischee: Sie, die wahrscheinlich Cindy heißt, trägt definitiv zu viel Schminke im Gesicht und eine zweifarbige Frisur: vorne rot, hinten schwarz. Er, der eindeutige Ronny, hat zu viel Gel im Haar und trägt Ohrring; eine dicke Fahrradkette verschönert seinen Hals. Aus den kleinen Aktivboxen dröhnt Bushido mit einem Song, der in jeder Zeile das Wort «Ghetto» beinhaltet. Warum Kopfhörer benutzen, wenn man das komplette Abteil mit seinem schlechten Musikgeschmack beschallen kann? Ich habe diese Aktivboxen-Jungs nie verstanden – der Sound ist einfach unfassbar beschissen! Wobei der Klang bei Bushido-Songs eigentlich auch nebensächlich ist: Hauptsache «Ghetto». Cindy kramt eine Tüte hervor und beginnt, Lakritze zu verspeisen. Das veranlasst den geschätzt achtzehnjährigen Ronny, folgende Zeile laut zu grölen: «Lakritze, Lakritze, die Mädchen ham 'ne Ritze.» Stolz ob seiner Fähigkeit zu reimen, wiederholt Ronny diese Zeile wieder und wieder. «Lakritze, Lakritze ...» Nicht einmal Cindy lacht, und der Rest des Abteils schaut betreten zu Boden. Ronny kann es nicht glauben, dass sein Reim weder die Beachtung bekommt noch die erotisierende Wirkung versprüht, die er eigentlich verdient hätte, und deshalb ergänzt er nassforsch in Richtung Cindy: «Am Wochenende musste mich ma wieder ranlassen. Kriegst auch Lakritze!» Welch glückliches Paar. «Nächster Halt: Halberstadt», klingt es in diesem Moment aus den Lautsprechern. Danke, danke, danke!

Mehrere Kinder springen mit mir aus dem Zug, der Himmel ist immer noch blau. Keine Nazis in Sicht. Mein Taxifahrer bestätigt mir aber die Existenz dieser Spezies. «Ja, die gibt es hier. Aber das wird von den Medien auch hochgespielt. Die gibt es doch in jeder Stadt.» Damit schließt sich der Taxifahrer dem Bürgermeister von Halberstadt an, der genau diese Sätze nach dem Angriff auf die Theaterleute in jedes Mikrophon sprach. Das Problem wird verdrängt: Am besten alles schnell unter den Teppich kehren. Beiläufig erzählt der ausländische Taxifahrer ohne Namen dann aber doch von einem konkreten Vorfall. «Ich hatte hier neulich so einen Nazi mit Bomberjacke im Auto. Der war angetrunken und hat sich von der Rückbank zu mir rübergebeugt und gesagt: ‹Ich werde dir die Kehle aufschlitzen.› Da habe ich ihm schnell meinen Ellenbogen ins Gesicht gerammt und ihn anschließend aus dem Taxi geschmissen.» Als er merkt, dass ich ein bisschen ungläubig und geschockt gucke, ergänzt er schnell: «Das kann aber jedem mal passieren. Wir sind hier wirklich eine ganz normale Stadt.»

Theaterintendant André Bücker bewertet diese Vorfälle völlig anders, als er mich in seinem Büro empfängt. Am Abend gebe es in Halberstadt bestimmte No-go-Areas. Den Plantagen-Park etwa könne man nach 19 Uhr nicht mehr betreten, eine Kneipe, in der auch der 38-Jährige sich gerne mit Kollegen trifft, werde immer wieder angegriffen. «Eben erst habe ich beim Einkaufen an der Kasse wieder so einen Bomberjacken-Nazi gesehen», erzählt Bücker, dem es wichtig ist, nichts zu beschönigen und offen zu sagen, dass Nazis in Halberstadt mittlerweile zum Alltag gehören. Die meisten von ihnen tarnen sich aber geschickt, engagieren sich gesellschaftlich, treten in die Freiwillige Feuerwehr ein oder lassen sich in wichtige Ehrenämter wählen. Sie mimen den netten Nazi von nebenan. Nur noch an kleinen Merkmalen sind sie zu erkennen. «Man kann die nicht mehr auseinanderhalten. Die sehen teilweise so aus wie du. Jeans, schwarzes Kapuzenshirt, genauso eine schwarze Kappe. Viele haben aber so einen kleinen Button mit einer ‹88› auf der Mütze. Steht für den achten Buchstaben des Alphabets, H, also für Heil Hitler.» Bücker zeigt aus dem Fenster: «Gleich da vorne ist der Übergriff auf meine Theaterleute passiert.» Dann schildert er das Geschehene: «Wir alle feierten die gelungene Premiere der ‹Rocky Horror Picture Show› in einem Restaurant. Dann machte ich mich gegen zwei auf den Heimweg, aber zwölf bis fünfzehn von unseren Leuten wollten noch etwas weiterfeiern und machten sich auf den Weg zum ‹Spucknapf›, der einzigen Bar, die um diese Zeit noch auf hatte. Der Türsteher verweigerte ihnen aber den Einlass, als er sah, dass einer von ihnen einen Irokesenschnitt trug, der zu seiner Rolle in der ‹Rocky Horror Show› gehörte. Die Begründung: Er dürfe keine Punks, Rechts- oder Linksradikalen in das Lokal lassen. Als die Gruppe dann die Straßenseite wechselte, stürmten acht bis zehn Neonazis auf sie zu und schlugen auf unsere Leute ein, bis sie verletzt und stark blutend auf der Erde lagen. Fünf bis zehn Minuten später traf die Polizei ein. Die Neonazis waren da noch am Tatort bzw. spazierten langsam davon. Die Opfer baten die Beamten, die Täter zu verfolgen. Sie taten aber nichts, sondern nahmen stattdessen die Personalien der Opfer auf. Danach waren die Nazis natürlich verschwunden.» André Bücker erzählt diese Geschichte bestimmt nicht zum ersten Mal. Aber man merkt ihm immer noch an, wie bestürzt und enttäuscht er über das Verhalten der Polizei ist. «Die haben uns nicht geholfen. Das war das Erste, was ich von meinen Leuten zu hören bekam, als ich direkt nach dem Vorfall mitten in der Nacht den Anruf bekam. Danach bin ich sofort ins Krankenhaus gefahren.» Was ihn da erwartete, war nichts für schwache Intendantennerven: «Alles war voller Blut. Die Opfer mussten bis zu zweieinhalb Stunden warten, bis sie überhaupt behandelt wurden. Der Chefarzt, der erst sehr spät eintraf, erklärte uns, er sei aus Halberstadt aufgrund der Neonazis und der unfähigen Politiker weggezogen und wir sollten es doch genauso machen. In dieser Stadt könne man doch nicht leben!» Herausgekommen sind schließlich: Eine aufgeplatzte Lippe, Prellungen, Verletzungen von Springerstiefeln, die im OP genäht werden mussten, ein gebrochenes Nasenbein, ein verletztes Auge, Verletzungen der Unterkiefer, herausgeschlagene Schneidezähne ... – und der seelische Schaden bei allen Beteiligten. Bücker erinnert sich noch an den Galgenhumor des verletzten Gitarristen der Gruppe. «Dem haben einige Zähne gefehlt, aber er sagte zu mir: ‹Gott sei Dank haben die meine Hände nicht gebrochen. Ich muss doch nächste Woche wieder spielen.›» Im Gegensatz zum Chefarzt ist aber kein einziger Schauspieler weggezogen. Im Gegenteil. «Wir lassen uns hier nicht vertreiben», sagt Bücker. Er wurde vielmehr noch aktiver und organisierte im September 2007 die Aktion «Auf die Plätze». Dabei fanden in ganz Halberstadt an vierzehn Plätzen, die sonst als gefährlich und No-go-Areas gelten, Theateraufführungen mit viel Musik statt. Und das nach 19 Uhr. Es wurde ein voller Erfolg, bis zu 7000 Menschen kamen. «Da gab es richtig emotionale Szenen. Viele Bürger haben ganz neue Orte ihrer Stadt kennengelernt, die sie sonst schon intuitiv wegen der Nazis gemieden haben. Viele waren richtig dankbar für unser Engagement», berichtet Bücker. Die Polizei hatte scheinbar auch dazugelernt. «Die haben knallhart durchgegriffen. Als beispielsweise zwei Nazis bei einer Vorstellung im Hintergrund rumpöbelten, wurden die sofort einkassiert.» Ich möchte von Bücker wissen, was seiner Meinung nach der Grund für den massiven Rechtsruck ist, der mich doch sehr beunruhigt.

«Viele Kinder und Jugendliche zwischen 17 und 19 Jahren haben es hier nie erlebt, dass ihre Eltern Arbeit haben. Einen geregelten Tagesablauf kennen sie nicht. Die werden mit der Fernbedienung sozialisiert. In so einem Klima ohne Halt, ohne Perspektive und soziale Struktur ist es nur logisch, dass sie sich bei klar organisierten Gruppierungen wie den Rechten wiederfinden und dadurch ein Selbstwertgefühl entwickeln können», antwortet er. Aber was tun? «Man muss erst mal erkennen: Jawohl, wir haben ein Problem mit Nazis, und das ist nicht nur ein Imageproblem. Dann muss man sich bewusst machen, dass Demokratie nur funktioniert, wenn jeder mitmacht. Das heißt nicht, dass die Oma mit der Handtasche auf fünf Skinheads losgehen muss. Aber sie kann sofort die Polizei rufen und sich die Gesichter der Täter merken. Das doch stark strapazierte Wort ‹Zivilcourage› muss im Alltag von jedem Einzelnen mit Leben erfüllt werden.»

Dann führt mich Bücker durch die heiligen Theaterräume. Die Beleuchter laufen derweil hektisch auf der Bühne herum und versuchen, eine Lampenkette richtig anzubringen. Das Theater Halberstadt mit seinen fünfhundert Sitzen erlebt heute Abend eine Premiere: «Die lustigen Weiber von Windsor», eine leichte Oper. «Wenn du willst, kannst du gerne kommen, bist eingeladen.» Sehr großzügig, Herr Bücker, aber wenn es etwas gibt, das ich noch weniger gern höre als Bushido, sind es Opern.

Ausverkauft wird die Premiere wohl nicht sein. «Die Besucherzahlen schwanken sehr. Wir haben im Jahr über 100 000 Besucher, aber wir müssen uns mit jeder Premiere wieder neu bewähren. Es nicht einfach, Kultur in Halberstadt durchzusetzen», gibt Bücker zu. Wie viele Plätze wären denn belegt, wenn alle Nazis von Halberstadt kommen würden? Die Antwort überrascht mich sehr. «Das wären dann höchstens 120 Sitze. Die Nazis sind hier wirklich eine Minderheit, die es nur gelernt hat, martialisch und selbstbewusst aufzutreten. Das müssen sich alle 40 000 Bürger von Halberstadt immer vor Augen halten. Wir sind die Mehrheit. Wir sind stärker. Die Nazis werden nie eine Chance gegen uns haben. Nur mit diesem Bewusstsein hat eine tolerante, freiheitliche Gesellschaft eine Chance.»

Einen Nazi habe ich übrigens heute nicht gesehen.

P. S.: P. S.: Im Mai 2008 musste ich beim Frühstück folgende Zeilen in der Zeitung lesen:

«Dresden – Im Prozess um den Neonazi-Überfall auf Schauspieler in Halberstadt ist lediglich der vorbestrafte und geständige 23-jährige Hauptangeklagte zu einer Haftstrafe von zwei Jahren verurteilt worden. Die Staatsanwaltschaft hatte ein Strafmaß von zwei Jahren Gefängnis ohne Bewährung gefordert. Die übrigen drei Angeklagten wurden im Landgericht Magdeburg aus Mangel an Beweisen erwartungsgemäß freigesprochen. [...] Theaterintendant André Bücker sprach von einer ‹Katastrophe› und einer ‹äußerst deprimierenden Geschichte›.» (Quelle: *taz*, 28. 5. 2008)

BESSERWISSERBOYKASTEN

Alles so einfach

Es darf keine zwei Meinungen darüber geben, dass Rechtsradikalismus ganz große Scheiße ist! In einer demokratischen Ordnung kommt jedem Menschen seine Würde aus sich selbst zu: Darin sind alle gleich, jede und jeder besitzt sie von Geburt an, unabhängig von Hautfarbe, Herkunft, sexueller Orientierung oder Behinderung. Ganz anders sieht das beispielsweise das NPD-Programm vor: Demnach soll der Staat die «Verantwortung für das Volk» tragen. Damit wäre staatlicher Willkür gegen Individuen Tür und Tor geöffnet, einzelne Menschen oder Gruppen könnten beliebig zu «Volksschädlingen» erklärt und verfolgt werden. Wer keine «blutsdeutschen» Vorfahren hat, gehört für die NPD nicht zum Volk.

Statistisch gesehen werden jeden Tag in Deutschland mehr

als zwei rechtsextrem oder rassistisch motivierte Gewalttaten begangen. Die Opfer: Flüchtlinge, Migrantinnen,
Obdachlose, Schwule und Lesben, Linke und engagierte
Jugendliche. Neonazis entgegenzutreten ist eine Entscheidung für eine Gesellschaft, in der Menschen gleiche Rechte
haben.

Baby ich tu's

Überall da, wo Neonazis und NPD bei Protesten gegen So-
zialabbau mitlaufen, wo sie sich in Diskussionen als «nor-
maler» Teil der Gesellschaft präsentieren, können sich Un-
gleichheit und Ungerechtigkeit ein Stück Raum erkämpfen!
Deshalb lautet die einzige Konsequenz: Nazis ausschließen!
Diejenigen, die nicht vor rassistischer Gewalt bis hin zum
Mord zurückschrecken, können keine gleichberechtigten
Partner sein.

5 Tipps, um seine Stimme zu erheben:

- Wenn rechte Aufkleber, Plakate etc. in der Schule auftauchen, dann gibt es nur eins: Konsequent abreißen und
  einsammeln!
- Selbst aktiv werden, z. B. Transparente aus den Schul-
  oder Unifenstern hängen, auf denen klargemacht wird,
  dass Neonazis gar nicht erst anrücken brauchen.
- Rechtsrockbands tarnen ihre Konzerte oft als private Ge-
  burtstagsfeiern und tricksen Konzertveranstalter aus, um
  ihre Räume nutzen zu können. Das beste Mittel dagegen
  ist es, den Besitzer zu informieren!
- Öffentlichkeit schaffen: Wenn z. B. ein Plattenladen Neo-
  nazimusik verkauft, dafür sorgen, dass viele Leute es mitbekommen und protestieren.
- In der Nachbarschaft umschauen: Gibt es Treffpunkte,

Gruppen von Menschen oder Einzelpersonen, die Hilfe brauchen? Engagement auf dieser Ebene ist mindestens genauso wichtig wie das direkte Engagement gegen Neonazis.

Paul surft

www.aktioncourage.org

www.mobile-opferberatung.de

www.jugendstiftung-civitas.org

Meine nächste Fahrt führt mich zu einem Mann, der sicherlich schon häufiger Nazis gesehen hat. Zumindest hat er sich um den Kampf gegen sie verdient gemacht. Der wohl beste Anti-Nazisong ist von seiner Band: «Schrei nach Liebe».

Es ist der Schlagzeuger der Ärzte, Bela B. Felsenheimer. Mit sechzehn habe ich mein erstes Konzert der Berliner gesehen, und noch vierzehn Jahre später gehe ich mit der gleichen Freude auf die Konzerte. Schon oft habe ich meine absolute Lieblingsband interviewt. Doch dieses Interview macht mich doch etwas unruhiger als die anderen. Erstmalig geht es nicht nur um ein neues Video, sondern auch um Inhalte, politische Standpunkte und die Einstellung zur Zukunft. Als ich das Interview angefragt habe, macht Bela mir den Vorschlag, doch zu einem der Ärzte-Konzerte nach Dortmund zu kommen.

Schon am Eingang der Westfalenhalle wird das politische Bewusstsein der Band deutlich: Die Gästelistenkarten müssen durch eine Spende für Amnesty International ausgelöst werden, und ein Attac-Stand im Foyer wird rege von den Ärztefans in Beschlag genommen. Die gesamte Tour ist CO_2-neutral organisiert und wird mit Ökostrom durchgeführt.

Nach drei Stunden Konzerterlebnis in der ausverkauften Dortmunder Westfalenhalle empfängt mich ein gefühlt 2,50 Meter großer Sicherheitsmann vor dem Backstagebereich. Fünf Minuten später bin ich in einer hübsch dekorierten Kabine, in der laute Rockmusik aus den Lautsprecherboxen dröhnt und ein kleines Getränkebüfett aufgebaut ist. «Das solltest du mal probieren!», macht sich Bela B. bemerkbar und hält mir eine Flasche Felsenbräu entgegen. «Das ist Solarbier – schmeckt super und hat den richtigen Namen.» Bela schwärmt von dem Bier, als wäre es seine Brauerei. Doch vermutlich erfahren die Betreiber der Privatbrauerei erst jetzt, welch prominenten Fan sie haben. Den Begriff «Solarbier» haben sich die pfiffigen Brauer aus Thalmannsfeld schützen lassen. Es bedeutet, dass sie ihr Bier ohne den Einsatz von fossiler Energie produzieren. Einzig Solarenergie wird für den Trunk gebraucht. Klimaschädliche CO_2-Emissionen werden so vermieden. Das nenne ich doch mal saufen für den guten Zweck!

Bela und ich machen uns noch ein Fläschchen Solarbier auf und verkriechen uns in eine stillere Ecke, um über Nazis, Live Earth und Gutmenschentum zu sprechen.

Tobi: Es gibt diese Textzeile bei euch: «Mal wieder auf die Straße gehen, mal wieder demonstrieren» – schon mal gemacht?

Bela: Ja, aber schon lange nicht mehr. In den 80ern war ich öfter auf Demos, irgendwann in den 90ern noch einmal, und zuletzt bin ich in Hamburg bei einer der Schill-Demos dabei gewesen. Das Problem ist für mich, dass ich als quasi öffentliche Person so leicht erkennbar bin und die Sache dadurch häufig einen komischen Beigeschmack hat. Ich komme mir dann so vor, als würde ich mich produzieren, als würde ich mein «Gutmenschentum» nach außen tragen.

Seit einem halben Jahr bin ich Attac-Mitglied und rede gerade mit denen, was ich machen kann – als Person, als Bela B. Ich habe denen aber auch gesagt, ich möchte mich nicht als der deutsche Bono Vox aufspielen.

Tobi: Warum? Was ist so problematisch daran?

Bela: Dass es beliebig wird. So wie in Heiligendamm, wo sich

70 000 Menschen ein Rockkonzert angeguckt haben. Vielleicht hat sich in dem einen oder anderen Kopf ja etwas bewegt bei dem Festival, aber letztlich haben sich nur 17 000 von diesen Leuten vom Festival wegbewegt und für Menschenrechte und gegen die Globalisierung demonstriert. Die anderen sind nur als Zuschauer gekommen und auf dem Festivalgelände geblieben.

Außerdem: Wenn sich die Veranstalter in Heiligendamm als Globalisierungsgegner hinstellen, warum beauftragen sie dann Coca-Cola als einen der größten Global Player, um das Catering zu stellen und Getränke zu verkaufen? VERKAUFEN wohlgemerkt! 70 000 Menschen haben Coca-Cola an dem Tag einen riesigen Gewinn verschafft, und das kotzt mich wirklich an. Die Leute sollen gern Coca-Cola trinken, das ist mir egal, ich trinke auch manchmal eine. Aber warum vergibt man Gastro-Rechte bei so einem Festival? Das ist einfach scheiße!

Auch Live Earth hat für mich keinen Sinn gemacht. Ich weiß nicht, ob Live Earth irgendetwas bewegt hat in dieser Welt. Die meisten Leute, die da auftraten, glaubten sicherlich, dass sie etwas Gutes tun. Dennoch: Wir reden in den letzten Jahren ständig darüber, wie unwichtig Musik geworden ist, wie wenige Leute noch Platten kaufen und was für hohle Gestalten Popstars heute sind. Und dann stellen sich genau diese Popstars hin und behaupten, mit ihrer Vorbildfunktion – als Idole von Massen – die Menschen dazu zu bringen, ein Umweltbewusstsein zu entwickeln ...

Aber seien wir ehrlich: Dieses Bewusstsein wecken die Konzerte nicht. Die Leute wollen bei Live Earth dabei sein, weil da die Chili Peppers spielen, und danach werden die Fans nach Hause gehen und trotzdem den Fernseher den ganzen Tag laufen lassen und das Licht anlassen, obwohl sie nicht im Raum sind.

Tobi: Der Punkt ist also, du willst es konsequenter haben!? Nicht die Mogelpackung.

Bela: Genau. Das ist kleinlich, was jetzt kommt, das ist die Krämerseele in mir, die das sagt. Aber es ist der Grund, warum wir als Band auch nicht mehr mit den großen Firmen zusammenarbeiten. Das ist der Preis der Globalisierung. Selbst Universal hat zwischenzeitlich einer großen Rumfirma (Seagram) gehört! Prince hat es den Musikern vorgemacht: Er hat sein Album verschenkt – als Werbemaßnahme einer großen englischen Zeitung, die ihm eine große Summe Geld dafür bezahlt hat. Das wird die Zukunft sein. Politisch korrekte Fossilien wie Die Ärzte und Die Toten Hosen werden irgendwann auf der Strecke bleiben. Aber dann werden wir auch alt genug sein und sagen können: «Wir blicken auf ein politisch korrektes Leben zurück.»

Tobi: Aber ohne dass ihr aktiv die Welt gerettet habt ...

Bela: Ja, das ist ganz klar. Dafür haben wir Bono Vox, quasi den «Jesus Christus der Zivilisten», der sich mit Politikern misst. Und er meint es ernst. Wenn er sich mit Bill Gates oder George W. Bush an einen Tisch setzt, dann müssen die Klartext reden und sich in irgendeiner Form bekennen. Sie wissen, so ein Rockstar ist im Zweifel immer ein bisschen populärer als sie selbst, und daher sind sie immer ein wenig unsicher in dessen Gegenwart. Das ist, was Bono Vox in Perfektion ausnutzt.

Tobi: Also du meinst, er macht das richtig? Ist das denn der einzige Weg, auf dem man etwas erreicht? Indem man sich mit den Politikern hinsetzt?

Bela: Na ja, ich weiß nicht, ob er es richtig macht. Er bewirkt etwas. Engagement ist der Weg. Es müssen aber so viele Leute wie möglich ihr Maul aufmachen, sich auf ihre demokratischen Grundrechte besinnen und vor allem ihr Bewusstsein ändern.

Es ist doch cool, wenn Leute sagen, dass sie durch die Klima-diskussion anfangen, über ihr Reiseverhalten nachzudenken: Ich nehme nicht jeden Flug von Ryan Air, der 1 Euro plus Flug-hafengebühren kostet, sondern ich gebe etwas mehr aus und wähle eine Fluglinie, die nicht bloß auf dem Rücken der Um-welt Geld verdient.

Leider gibt es da ein großes Manko in der Öffentlichkeits-arbeit, z. B. bei Organisationen wie Attac. Genau deswegen bin ich da Mitglied geworden. Wir haben Attac mal eingeladen, mit uns in einer einstündigen Viva-Sendung zur besten Sende-zeit dabei zu sein – und die haben sich da ehrlich gesagt nicht so gut verkauft. Die haben das extrem trocken gemacht.

Tobi: Verbissen?

Bela: Klar, das ist bei mir auch so. Wenn du an all die Un-gerechtigkeit denkst, kommst du schnell vom Hundertsten ins Tausendste. Dabei sind die Attac-Leute alle sehr cool – aber sich selbst gut zu verkaufen, dafür haben die einfach noch kein Händchen.

Tobi: Wie erreicht man denn die Menschen überhaupt? Er-reicht man sie über einen guten Song, über Schockbilder oder über einen Aufruf im Internet?

Bela: Du musst dafür sorgen, dass all diese Themen in der Diskussion bleiben. Wir waren neulich mit den Ärzten zu Gast in einer Oberschule. Die Aktion «Prominente geben eine Stun-de Unterricht» war von «Der Spießer» organisiert, der größten deutschen Schüler- und Jugendzeitung mit einer Million Auf-lage. Ich hatte mir gewünscht, in einer Brennpunktschule zu unterrichten. Wir sind dann in eine Gesamtschule auf St. Pauli in Hamburg gegangen, in eine 9. Klasse. Die Schüler konnten mit den Ärzten null anfangen. Wir haben die meiste Unter-richtsbeteiligung bekommen, als es um Handy-Pornos ging, die man sich aus dem Internet runterladen kann!

Die Schüler waren zwischen 15 und 16 Jahre alt – also zwei Jahre, bevor sie wählen dürfen. Wir haben auch über Politik gesprochen. Auf die Frage, ob sie wählen gehen möchten, haben die meisten gesagt, es interessiert sie nicht. Nun, diese Aktion war ein Versuch, der unserer Meinung nach nicht so gut funktioniert hat.

Tobi: Wieso? Habt ihr etwas falsch gemacht?

Bela: Nein, wir haben nichts falsch gemacht! Die haben sich einfach nicht dafür interessiert, und uns fehlen pädagogische Kenntnisse.

Tobi: Braucht man denn pädagogisches Wissen oder eher Glaubwürdigkeit und die Fähigkeit, die Jugendlichen zu verstehen?

Bela: Na, alles drei! Ich glaube schon, dass Die Ärzte eine gute Vorbildfunktion haben. Das liegt hauptsächlich daran, dass wir uns nicht instrumentalisieren lassen und dadurch nicht an Glaubwürdigkeit verlieren. Wir kochen unser eigenes Süppchen und üben keinen Zwang aus. Wenn du Die Ärzte hörst, musst du nicht automatisch Die Grünen wählen. Aber wenn du Die Ärzte hörst, passt es nicht zusammen ...

Tobi: ... die FDP zu wählen.

Bela: (lacht). Das ist natürlich so eine Sache. Ich kann das nicht oft genug sagen: Ich möchte nicht, dass Leute mich hören, die Guido Westerwelle gut finden ...

Du hast als öffentliche Person natürlich immer ein Stück weit eine bestimmte Verhaltenspflicht in der Öffentlichkeit. Du kannst dich nicht volllaufen lassen und gleichzeitig Drogen als falsch verdammen. Ich versuche, da inzwischen einen möglichst geraden Weg zu gehen.

Tobi: Wie gelingt einem das denn? Wo sind die Fallen, wo muss man aufpassen? Denn es schaffen ja ganz viele nicht, sich nicht kaufen zu lassen.

Bela: Hm, na ja, das Geld lockt halt, nicht wahr?! Gerade, wenn der Erfolg mal ausbleibt ... Für uns Ärzte ist es so: Wir lassen uns nicht vereinnahmen. Jede politische Entscheidung, jeder Schritt, in der Öffentlichkeit politisch zu agieren, wird in der Band diskutiert. Wir werden definitiv nicht auf Zusammenkünften von Musikern auftreten, bei denen es um einen guten Zweck geht, weil die Gefahr zu groß ist, dass das zu einer Promoveranstaltung verkommt.

Ich sag dir mal mein Lieblingsbeispiel: Es gab vor ein paar Jahren eine Benefizveranstaltung für ein Kinderkrebskrankenhaus, die ein großer deutscher Rockstar veranstaltet hat. Dieses Konzert hat sage und schreibe 6500 Euro zusammengebracht. Gagen gab es natürlich keine, aber nach Abzügen für Reisekosten, Soundanlage usw. blieben nur noch 6500 Euro übrig. Die waren damit in den Nachrichten, und das war der hauptsächlich erzielte Effekt. Hätte jeder der beteiligten Musiker in seine Tasche gegriffen und, sagen wir mal, 500 Euro gespendet, wäre viel mehr Geld zusammengekommen. Es war am Ende mehr eine Promoveranstaltung, bei der vergleichsweise eher wenig Geld übrig blieb.

Tobi: Das ist dann schon verlogen. Aber, um die Zeit nochmal zurückzudrehen, als du wirklich auf der Straße warst. Hast du denn damals das Gefühl gehabt, das bringt wirklich was? Oder war es einfach eine coole Zeit mit Gleichgesinnten, mit Saufen und Schreien?

Bela: Für einen selbst bringt es etwas, auf jeden Fall! Aber mit Gleichgesinnten saufen und schreien kann ich auch auf der Reeperbahn ...! Bei allem, was man tut, muss man sich immer die Frage stellen: «Wie fühle ich mich selbst dabei? Ist es mir wichtig?»

Als wir in Hamburg diesen unerträglichen Ronald Barnabas Schill als Innensenator hatten und die Bambule-Demos stattfanden – ausgelöst durch die Räumung eines Bauwagenplatzes –, da bin ich auch auf die Straße gegangen. Der Bauwagenplatz an sich hatte mit meinem Leben nicht so viel zu tun, aber ich wollte meine Meinung gegen diese Ungerechtigkeit kundtun. Es gab damals eine große Demonstrationswelle und einen unglaublichen Widerstand in Hamburg, auch über die Grenze der ewigen Verdächtigen hinaus, die sowieso demonstrieren gehen und politisch aktiv sind.

Tobi: Wie ist das dann ausgegangen?

Bela: Letztlich hat sich Schill selbst ein Bein gestellt. Aber dass der Typ in der Öffentlichkeit ständig diskutiert und in Frage gestellt wurde, das war auf jeden Fall ein Mitverdienst dieser Demonstrationen, der aktiven Leute.

Wenn du demonstrieren gehst oder wenn du irgendeine politische Aktion unterstützt oder irgendjemandem hilfst, musst du dir immer überlegen: Warum mache ich das? Warum will ich das? In dem Moment, in dem dir klar wird, dass du auch etwas davon hast, in dem Moment machst du es. Fertig.

Tobi: Wie viel ziviler Ungehorsam ist erlaubt? Bei Demonstrationen gibt es ja immer auch die Gewaltdiskussion. Darf man zu solchen Mitteln greifen?

Bela: Ich habe selbst noch nie einen Molotow-Cocktail geschmissen, ich hab nur mal ein, zwei Steine geworfen – nicht nach Menschen, sondern nur nach Sachen. So nach dem Motto «Auch mal ne Scheibe einschmeißen.» Das war Schwachsinn.

In Heiligendamm hat man es gesehen. Was ist davon bei den Menschen hängengeblieben? Es war die größte globalisierungskritische Demo in Deutschland, aber viele, insbesondere die Menschen, die die BILD-Zeitung lesen, sagen, es war die gewalttätigste Demo und der schlimmste Angriff auf Politiker überhaupt. Ich meine, welchen Politiker hat es getroffen? Der Zaun war doch viel zu weit weg! (grinst) Die gewalttätigen Auseinandersetzungen mit der Polizei haben den Blick nur auf einen Nebenschauplatz gelenkt.

Tobi: Kann denn Musik eigentlich etwas bewegen? Habt ihr Reaktionen bekommen auf Songs wie «Deine Schuld»?

Bela: Sehr positive sogar, aber leider benutzen auch die Neonazis den Song auf ihren Demos. «Deine Schuld» ist bewusst allgemein gehalten, weil er nicht sagen soll, «die und die Partei ist die richtige». Es geht darum, etwas zu tun. Und da haben die Neonazis gesagt: «Na, Mensch, es geht uns doch um genau dasselbe.» Die haben es ausgenutzt, dass wir uns nicht so konkret positioniert haben.

Musik ist letztlich nur ein Eintritt zu irgendetwas. Gerade für mich als Heranwachsenden war sie irre wichtig, Punkrock hat damals in mir etwas ausgelöst: Mut zum Beispiel ... Aber Musik kann dich nicht zu Dingen bringen, zu denen du nicht sowieso schon bereit bist. Sie wird keine Wut in dir auslösen, die du nicht sowieso schon hast. Sie wird nur ein Katalysator sein und maximal helfen, das zu bündeln, was in dir ist. Musik ist letztlich nur der Soundtrack.

Tobi: Aber glaubst du nicht, dass wenigstens «Schrei nach Liebe» – für mich ja noch der einzige Song, der zum Thema Rechtsradikalismus passt und der die richtige Attitüde hat ...

Bela: ... der unpeinlichste ...

Tobi: ... ja, und der unpeinlichste Song. Meinst du nicht, dass dieser Song viel erreicht hat in den Köpfen?

Bela: Weiß ich nicht! Damals hatten wir eine Situation, die war wirklich unhaltbar: Da sind Leute in Rostock-Lichtenhagen auf die Straße gegangen und haben Asylantenheime mit Molotow-Cocktails beschmissen, und die Polizei hat tatenlos zugesehen. Das war zu 50 Prozent kollektive Wut über den enttäuschenden Beginn der Wiedervereinigung. Aber gleichzeitig kommt die Frage auf, wohin wird diese Wut kanalisiert? Es war ein kompletter Ausdruck dessen, wohin unsere Politiker uns lenken: Jeder Politiker ist darin geschult, Schuld von sich abzulenken. Also haben sie Ängste geschürt. Ein großes Thema war Asylmissbrauch, der, so damals die Meinung, zu mehr Arbeitslosigkeit führe. Parallel zu dieser Entwicklung gab's den Aufstieg der Republikaner und die Wahlerfolge der DVU in Bremen. Wir hatten plötzlich rechte Parteien in den Parlamenten, und etablierte Parteien, selbst die SPD, haben da mitgemacht und angefangen, am rechten Wählerrand zu fischen. Da mussten wir damals reagieren!!!

Wir dachten, wir können jetzt nicht mehr die apolitische Band bleiben, die wir in den 80er Jahren mit Stolz waren, eine Band, die nicht mit dem Zeigefinger auf die Bühne geht. Wir mussten ein Statement bringen, und das haben wir dann auf die für uns typische Art gebracht: mit Ironie. Letztlich haben wir in dem Song gesagt: «So willst du doch nicht etwa sein ...?! So will doch keiner sein, wie der Idiot in dem Song! Wir verstehen dich, du bist arbeitslos, du bist unzufrieden, aber du bist Rassist. Und die Unzufriedenheit ist keine Entschuldigung dafür, deshalb: Arschloch!» So! Damit war alles gesagt.

Das Wichtige ist, dass Die Ärzte sich damit positioniert haben. Es zählten damals auch Neonazis bzw. Rechtsextreme zu unseren Fans. Wir singen deutsch, wir sind lustig, wir sind ziemlich schnell, wir spielen Punkrock – das passt alles gut ins Klischee. Da konnten wir uns unserer Verantwortung nicht mehr entziehen und mussten klar machen: «Wir wollen euch nicht!» Wenn du Ärzte-Fan bist, kannst du diesem Gedankengut nicht folgen.

Tobi: Die Frage ist ja, wie es in Deutschland aussieht, wenn 2007 in Regionen von Sachsen die Umfragewerte der NPD höher waren als die der SPD. Was willst du denn den Leuten raten, die da in einer «national befreiten Zone» leben? Geht man dazwischen, wenn Ausländer vermöbelt werden?

Bela: Na ja, du kannst als 20-jährige Studentin nicht dazwischengehen, wenn da sechs Typen auf einen anderen Typen eintreten. Du kannst aber sehr wohl etwas rufen!

Tobi: Was?

Bela: «Haut ab, ihr Arschlöcher!» Irgendwie die Aufmerksamkeit ablenken, Hilfe holen und die Polizei rufen. Das Tragische ist, dass erst mal gar keiner reagiert. Die Leute sind aufs Weggucken geeicht.

Tobi: Ist denn der Rechtsruck das schlimmste oder das größte Problem für Deutschland im Moment?

Bela: Nö, das ist nur eine Entwicklung, die aus anderen Problemen, z.B. einer großen Jugendarbeitslosigkeit, steigender Armut und sich vergrößernden sozialen Unterschieden resultiert.

Ich hab Verständnis dafür, dass Leute vom Weg abkommen. Aber man muss denen auch Möglichkeiten bieten – gerade Aussteigern aus der rechten Szene –, da auch wieder rauszukommen. Das ist nicht so einfach, weil du ja in einer Art Bruderschaft steckst und selbst Todesängste ausstehst, wenn du raus willst. Da gibt es eine Organisation, EXIT, die unterstützt rechte Aussteiger. Und dieses Jahr wurden ihr die Subventionen gestrichen! Ein Skandal.

Leider schürt die Terrorangst wieder den Rassismus in diesem Land und spaltet letztlich die gesamte Welt. Und die wirkliche, die körperliche Gefahr, die von rechts ausgeht, die wird oft runtergespielt. So läuft das in Deutschland, das ist echt ein Problem.

Dann ist es an der Zeit, dass die Menschen, die ein Forum haben, die öffentliche Aufmerksamkeit nutzen, um Position zu beziehen.

Tobi: Reicht das?

Bela: Es wird wohl nie reichen, aber mein Leben muss mir auch Spaß machen. Verbittert vom Zustand der Welt bin ich niemandem von Nutzen.

Tobi: Wie sauber bist du selbst denn?

Bela: Ich versuch beispielsweise bewusst einzukaufen. Ich versuche z.B., angestoßen von Farin Urlaub, Nestlé-Produkte zu vermeiden, so Zeugs halt ... Man kann viel machen, aber damit muss ich ja nun auch nicht hausieren gehen, weil so vieles wie z.B. Mülltrennung eigentlich selbstverständlich sein sollte. Ich besitze noch ein sehr altes Auto, was ich aber auch wenig bewege und mich im Moment mit dem Gedanken trage, dort einen umweltschonenden Motor einzubauen ... äh ... einbauen zu lassen.

Tobi: Wie kam es denn zu der Idee, eure Konzerte CO_2-neutral zu gestalten?

Bela: Einfach, um einen Beitrag für die Umwelt zu leisten. Wir zahlen für jedes Konzertticket, das wir verkaufen, 50 Cent an eine Organisation, die in Panama Wald aufforstet. Somit ist es eine klimaneutrale Tournee: Für das Klima, das wir mit unseren Trucks durch das Hin- und Herfahren und auch durch die anfahrenden Autos der Fans zu unseren Konzerten vernichten, wird in Panama Wald aufgeforstet. Solche Ideen machen gerade Schule, die «Scorpions» planen etwas Ähnliches.

Tobi: Kontrolliert das denn einer, was wirklich in Panama passiert?

Bela: Das wird gecheckt. Es gibt ja nicht nur den Spenden-TÜV, es gibt auch andere Organisationen, die das überprüfen. Wir spenden nie Geld an Organisationen, die nicht 100 Prozent organisiert und sauber sind! Wir werden jetzt auf unserer Herbsttour 250 000 Zuschauer haben und nächstes Jahr auf unserer Sommertour nochmal eine ¾ Million. Diese Leute werden im Eingangsbereich mit Infoständen konfrontiert von den Organisationen, die wir ausgesucht haben. Aber damit das nicht so ein «Jahrmarkt der Wohltätigkeiten» wird, haben wir beschlossen, dass wir nicht immer alle acht oder neun Organisationen, die wir unterstützen, gleichzeitig da haben können. Wir versuchen stattdessen, das pro Konzert auf zwei zu reduzieren. Dann können die Leute sich eintragen, bei «Kein Bock auf Nazis» und/oder «Ärzte ohne Grenzen», und werden nicht komplett überfordert.

Wir wollen mit diesem Engagement aber nicht für uns selbst werben – genauso wenig wie damit, dass unsere Tour ohne Atomstrom auskommt. Das ist zwar ein Novum, steht aber auf der Karte nur ganz klein hinten drauf. Solche Dinge bekommen die Fans mit, die sich mit uns beschäftigen, es wird aber nicht promowirksam nach außen getragen.

Das sind Dinge, die wir als «Ärzte» machen können. Mit gutem Beispiel vorangehen und hoffen, dass die Welt dadurch ein kleines Stück besser wird. Zumindest da, wo wir gerade sind. Das ist nur ein Mosaikstein. Ganz schlimm wird es – und dann auch in der Öffentlichkeit unglaubwürdig –, wenn wir dann plötzlich die Samariter sind. Ich musste letztens leider ablehnen, im Fernsehen für SOS-Kinderdörfer zu sprechen. Ich sollte erzählen, warum ich die unterstütze. Theoretisch würde das jeder Prominente machen, aber ich bin schon in so viele Sachen verstrickt, dass da die Gefahr einer Beliebigkeit eintritt. Es gibt aber auch Themen, zu denen ich mich öffentlich äußere. Themen, die sonst keinen mehr jucken: Obdachlose oder eben das ewige Thema Neonazis.

Tobi: Die schlechteste Frage zuletzt: Ist es zu spät für unser Land?

Bela: «Zu spät» für Deutschland? Nee, gar nicht! Wir sind eines der reichsten Länder, uns geht's gut, wir müssen uns nur bewusst werden, dass wir nicht allein auf dieser Erde sind. Wir müssen wirklich achtgeben, wir sind auch verantwortlich für Dinge, die in Tausenden von Kilometern Entfernung in Afrika passieren. Wir sind nicht der Nabel der Welt, und Amerika ist nicht der Nabel der Welt. Was mich wirklich ankotzt, ist die fortschreitende Amerikanisierung überall. Warum ist dieses Land, mit all den Ungerechtigkeiten, den riesigen sozialen Unterschieden und den Bildungsdefiziten unser aller Leitkultur?

Inzwischen kann jeder Jugendliche die Lebensumstände in L.A. besser beschreiben als die in der eigenen Stadt, und alle wollen diese schrecklichen SUVs fahren. Ich hoffe einfach, dass die Leute bald das Fernsehen so satt haben, dass sie sich wieder mehr nach draußen orientieren. Ich empfinde Fernsehen im Moment ein bisschen als die Wurzel allen Übels. Es wird immer schwerer, sich zu informieren, du bist ständig abgelenkt von noch dümmeren Formaten. Trotzdem gucke ich positiv in die Zukunft.

45 Minuten haben Bela und ich nun versucht, gegen die immer lauter werdende Musik anzureden. Zwischendurch schaute Rod, der dritte Teil der Ärzte, mal um die Ecke. Farin ist zu dieser Zeit wahrscheinlich schon im Hotel. «Kein Alkohol, kein Fleisch, keine Party!», lautet sein Lebensmotto. Ich habe bereits vier Solarbier getrunken und muss jetzt dringend mein Adrenalin runterfeiern. Alles, nur nicht schlafen gehen ...

BESSERWISSERBOYKASTEN

Alles so einfach

Man muss mit Sicherheit kein Prominenter sein, um andere für die gute Sache zu begeistern. Andererseits sind noch viel zu viele Musiker, Schauspieler oder Moderatoren zu wenig glaubwürdig oder zu träge im Werben für die gute Sache. Es gibt noch zu wenige erfolgreiche Künstler, die konsequent Dinge hinterfragen und sich für den Kampf gegen die Nazis oder für die Umwelt einsetzen.

Anneliese Schmidt erklärt

Die Ärzte sind nicht nur die selbsternannte «beste Band der Welt», sie sind auch die erfolgreichste deutsche Band. Sie prahlen nicht mit Plattenverkäufen und halten die Zahlen geheim. Die vielen Preise, die ihnen verliehen wurden, holen sie in nur ganz seltenen Fällen selbst ab, weil sie sich dem üblichen Treiben der Musikbranche entziehen.

Neben ihrer Bandtätigkeit sind Bela, Farin und Rod auch auf anderen Gebieten erfolgreich. Sowohl Bela als auch Farin sind erfolgreiche Solo-Musiker, Rod produziert Musik und Bela wirkte bereits in vielen Filmen als Schauspieler mit.

Paul surft

www.bademeister.com

www.bela-b.de

www.aerzteohnegrenzen.de

Sonntag. Der Wecker klingelt um 6 Uhr 10. Nein, das darf
nicht wahr sein. Ich bin erst nach drei ins Bett gekommen. Mir
ist jetzt nicht nach MÜSSEN. Erst muss man geboren werden,
dann muss man aufwachsen, dann lieben lernen, später wieder
lernen, alleine zu leben, schließlich muss man sterben. Und
dazwischen muss man aufstehen. Und zwar jetzt. Zumindest
wenn man um Punkt acht Uhr morgens im Biesenthaler Becken in Brandenburg freiwillig Bäume pflanzen will. Ein taur-
inhaltiges Getränk erleichtert mir meine Qual ein wenig, der
pochende Schmerz hinter den Schläfen bleibt jedoch. Ohne
zu duschen renne ich zu meinem Auto, mittlerweile bestückt
mit dem BUND-Aufkleber «Think big, drive small». Auf den
Zug kann ich jetzt nicht mehr setzen. Dafür ist es bereits viel
zu spät. Ich möchte nur lebend und einigermaßen pünktlich
ankommen. In meiner Hand habe ich die Einladungsmail von
WikiWoods. WikiWoods ist laut Webseite ähnlich wie Wikipe-
dia als Internet-Plattform angelegt, die verschiedene Akteure
zusammenbringen und ihnen die Möglichkeit geben soll,
sich in Gruppen zu organisieren und in der jeweiligen Region
Waldprojekte durchzuführen. WikiWoods hatte sich bei einem
Wettbewerb des N-Rats beworben und den Jurypreis für die
beste Idee gewonnen. Nun will ich die Menschen und die Idee
dahinter kennenlernen.

Ingo Frost ist der junge Gründer dieser Plattform, und sein
generationenübergreifendes Pilotprojekt, das er zusammen
mit dem NABU durchführen will, lautet folgendermaßen: Er

sucht freiwillige Helfer, die Lust haben, beim Pflanzen von ca. 25 000 Laubbäumen mit anzupacken. Eigentlich eine großartige Idee. Jeder fragt sich doch, was er tun kann, um die Welt ein kleines bisschen besser zu machen, ohne sich gleich einer bestimmten Organisation anzuschließen. Die Antwort: Geh ins Internet und pflanze einen Baum. Nicht nur ein schönes Symbol, sondern gleichzeitig eine Chance, positiv auf das Klima einzuwirken. Durch den Aufbau naturnaher Wälder kann CO_2 aus der Luft wieder gebunden werden. Ich bekämpfe also mit meinem morgendlichen Aufstehen und der geplanten Aktion den drohenden Klimawandel. Zumindest hilft mir diese Idee, wach zu bleiben. Außerdem bin ich jetzt schon dreißig Jahre alt geworden, ohne überhaupt einen Baum gepflanzt zu haben. Der Volksmund wäre empört. Die Einladungsmail von Wiki-Woods weist mich noch auf drei wichtige organisatorische Punkte hin:

«1. Wald- und regenfeste Kleidung mitbringen. Es kann sehr matschig werden.»

Passt. Ich habe in meiner Eile die kompletten Klamotten vom Vortag angezogen. Gut, dass ich nicht geduscht habe. Das hätte sich eh nicht gelohnt.

«2. Falls ihr einen Spaten griffbereit habt, bitte mitbringen.»

Nein, ich hatte zufällig keinen Spaten griffbereit. So ein Ärger aber auch.

«3. Wir können nicht alle verpflegen: Neben Getränken bitte etwas zum gemeinsamen Essen mitbringen.»

Gut, dass ich diesen Punkt erst lese, als ich bereits im Auto sitze. Ich habe weder gefrühstückt, noch hätte ich überhaupt etwas im Kühlschrank gehabt.

Berlin-Kreuzberg ist zu dieser unchristlichen Zeit wie ausgestorben. Nur eine ältere Dame geht bereits mit ihren zwei

Mischlingen Gassi. Der Rockclub bei mir um die Ecke ist tatsächlich noch offen. Beim Vorbeifahren sehe ich zwei langhaarige Gestalten vom Club in ein Taxi torkeln. Ich frage mich an dieser Stelle tatsächlich, ob ich nicht vielleicht das wahre Leben verpasse. Keine Termine, kein MÜSSEN. Nur die Nacht und ich. Und eventuell ein paar Getränke. Klingt verlockend, und ich glaube, ich könnte das gut. Dann würde ich jetzt aus diesem Club kommen, und im Vorbeifahren würde mich ein Dreißigjähriger verständnislos anstarren. Ich wäre ein lebender Toter und Hedonist, der nicht einen Gedanken daran verschwenden würde, freiwillig im Biesenthaler Becken auf einer Fläche von fünf Hektar einen gegen Sturm und Schädlinge anfälligen Lärchenwald in einen widerstandsfähigen Mischwald umzuwandeln. Ich verwerfe diese Gedanken und spüle sie mit einem weiteren taurinhaltigen Getränk tief hinunter.

Nur zehn Minuten zu spät treffe ich im Biesenthaler Becken ein und bin überrascht, dass bereits über dreißig Freiwillige da sind. Unter ihnen der arbeitslose Zootierpfleger Christian Busch und Yi Zan, Praktikant aus China. «Ich habe mir gedacht – du bist arbeitslos – da machst du was Sinnvolles und hilfst mit. Viele Menschen leugnen noch immer den Klimawandel. Bäume pflanzen ist ein Ansatz, aber es sind noch viele Schritte zu gehen», so Christian. Yi Zan spricht mit mir in gebrochenem Englisch: «In China haben wir noch größere Umweltprobleme als in Deutschland. Wenn ich wieder in China bin, kann ich vielleicht auch solche Aktionen organisieren.» Ein weiterer Beweis für die Kopierfreude Chinas. Yi ist zudem kein Greenhorn mehr. Er war bereits vor ein paar Wochen bei der Vorbereitung für den heutigen Tag dabei. Denn damit die neu zu pflanzenden Bäume im Biesenthaler Becken nicht gleich wieder vom Wild gefressen werden, musste zunächst ein Zaun um die betreffende Fläche gebaut werden. Drei Lichtungen mit einer

Größe von einem Zehntel Hektar wurden bereits eingezäunt. «Very good. Good work done. A lot of fences here», bringt es Yi auf den Punkt.

In diesem Moment baut sich der stämmige NABU-Förster Gregor Beyer vor dem Freiwilligenheer auf und verkündet den Tagesplan: «Erst wird gepflanzt, dann gibt es kurz Mittag, dann wird weiter gepflanzt, bis es dunkel ist. 2000 Setzlinge müssen heute in den Boden.» Nach diesen Worten scheint es in meinem Kopf noch härter zu pochen. Förster Beyer genießt die respektvolle Aufmerksamkeit der vielen Augenpaare und präsentiert uns seine Waffe: Den Wiedehopfhauer, eine Mischung aus Axt und Spaten, der aussieht, als wäre er dem Film «Dawn of the Dead» entsprungen. Beyer rammt die Axtseite des Wiedehopfhauers mit voller Wucht in den Boden und zeigt uns wie man den kleinen Buchensetzling richtig einpflanzt. Sieht einfach aus: tiefes Loch hauen, Setzling rein, Erde festtreten. Es könnte so schön sein. Tja, wenn wir statt eines Wiedehopfhauers nicht einen Spaten in die Hand gedrückt bekommen hätten. Damit ist es natürlich viel schwieriger, ein Loch in den manchmal sehr harten und mit alten Ästen und Steinen bestückten Boden zu graben. «Auf, auf!», ruft Beyer und führt uns durch den Wald. Auf dem Weg zu der eingezäunten Lichtung müssen wir eine kleine Sumpflandschaft durchqueren. Meine Schuhe versacken und saugen sich wie ein Schwamm voll. Perfekt, jetzt auch noch den ganzen Tag mit kalten, nassen Füßen herumlaufen. «Die Wildschweine waren da», brummt Förster Beyer plötzlich. «Die haben hier alles umgegraben. Die sind ganz jeck auf die Eicheln. Ich mag die Schweine eigentlich ganz gerne. Das sind sehr soziale Tiere und ganz schön schlau.» Nur so ist es zu erklären, dass neulich ein Wildschwein mitten auf dem Alexanderplatz in Berlin gesichtet wurde.

Ein paar Bäume später erreichen wir die Lichtung. Vor dem

Zaun sind bereits die 2000 Mini-Buchen in Bündeln in einer Reihe in die Erde gesteckt worden. «Sonst würden sie nicht überleben», erklärt Beyer. Ich hätte mir den Anblick von 2000 Bäumen viel imposanter vorgestellt – so aufgereiht ähneln sie eher der Hecke eines Kleingartenvereins. Die 2000 Buchen sowie die Anbaufläche wurden übrigens vom NABU (Naturschutzbund Deutschland e. V.) gestiftet. Bei einem Preis von ca. 50 Cent pro Buche ist das schon recht großzügig. Dafür liefert WikiWoods aber kostenlose Arbeitskraft. «Die Bäume würden ohne die Freiwilligen nicht gepflanzt werden. Wahrscheinlich läge die Lichtung dann noch die nächsten 100 Jahre brach», gibt mein Lieblingsförster zu. Wir sind demnach keine billigen Öko-Sklaven, unser ökologischer Einsatz zahlt sich aus. Aber erst mal muss der jetzt erbracht werden. Die Setzlinge werden aus dem Boden gezogen und bündelweise in Tragetaschen gepackt, aus denen sich jeder von uns bedienen darf. Das Bäumepflanzen kann beginnen. Mein Ziel: Mehr Bäume in die Erde zu bringen als mein neuer Freund Yi aus dem bevölkerungsreichsten Land der Erde. Dem Kommunisten werde ich zeigen, was ein Spaten ist. Auch wenn die Chinesen die neuen Exportweltmeister sind, im heimischen Wald macht uns keiner etwas vor. Yi beginnt tatsächlich schnell und fleißig seinen Spaten in den Boden zu rammen, besorgt sich die erste Mini-Buche und pflanzt sie in den Boden. Ich versuche verzweifelt, den Spaten tief in den Boden zu drücken, es gelingt aber nicht, da Wurzeln eines entfernten Baumes dies verhindern. Ich probiere es entnervt an einer anderen Stelle und sehe im Augenwinkel, dass Yi bereits den zweiten Baum erfolgreich gepflanzt hat. Höchste Zeit für meine Geheimwaffe: Ich rufe Förster Beyer und informiere ihn, dass Yi gerne wissen würde, wie die Landschaft im Biesenthaler Becken überhaupt entstanden sei. Eine köstliche Idee. Förster Beyer, der selber kein gutes Englisch spricht, versucht nun Yi ganz fürsorglich über die Entstehungsgeschichte der letzten 100 Jahre aufzuklären. Yi hört aufmerksam zu und bleibt sehr höflich, wie sich das für Asiaten gehört. Aber innerlich kocht er. Da bin ich mir sicher, auch wenn er die Contenance bewahrt. Ich nutze die Zeit und pflanze erfolgreich die erste Buche in meinem Leben. Ein wirklich erhabenes Gefühl. Glücklich und vollkommen in meinem Element lege ich nach, beschleunige mein Tempo und bin bereits bei Baum Nummer 5, während Beyer noch immer auf Yi einredet: «This ground has a lot of history inside.» Herrlich. Ich vergesse Zeit und Raum, und als Förster Beyer schließlich «Mittagspause» ruft, habe ich über fünfzig Buchen in die Erde gepflanzt. Weil ich nichts mitgebracht habe, teilen zwei ältere Damen ihr mitgebrachtes Fladenbrot sowie den Kartoffelsalat mit mir. Noch nie hat mir etwas so lecker geschmeckt. In den letzten sechs Stunden hatte ich völlig verdrängt, dass ich heute noch keine Nahrung zu mir genommen habe.

Ich lächele Yi an, der auf der Holzbank schräg gegenüber sitzt. Er lächelt kurz zurück, schaut dann aber schnell in eine andere Richtung. Diese Runde ging definitiv an mich, er hatte keine Chance. Runde zwei soll aber auch für mich kein Spaziergang werden. Denn Anfangseuphorie und Adrenalin sind nun verflogen, und die Müdigkeit kehrt zurück. Zudem hat sich jetzt eine der beiden älteren Damen zu mir gesellt. Es stellt sich heraus, dass sie Frau Nagel heißt und früher Englisch und Deutsch unterrichtet hat. Ich kann mir ganz genau vorstellen, dass das für jeden ihrer Schüler eine harte Zeit war. Denn Frau Nagel kontrolliert mich jetzt haargenau. «Der ist nicht tief genug drin und muss wieder raus. Nu mach das doch mal richtig, Junge!», kommandiert sie und gibt mir klar zu verstehen, wer hier Koch und wer Kellner ist. «Der steht ja völlig schief. So geht das aber nicht.» Ja, Frau Nagel, so geht das wirklich nicht weiter. Plötzlich überkommt mich eine schlimme Vermutung. Hat Yi hier etwa seine Hände im Spiel? Nein, das kann nicht sein. So hinterhältig ist der höfliche Yi doch nicht. Oder etwa doch? Ich beiße die Zähne zusammen und bringe die nächsten Stunden hinter mich. Frau Nagel ist mittlerweile ganz zufrieden mit mir, und als es bereits zu dämmern beginnt, versucht sie es sogar mit einem kleinen Kompliment: «Auch wenn du ein bisschen ungepflegt aussiehst, Bäume pflanzen kannst du.» Ich bin mir nicht sicher, ob sie nur den Schlamm an meinen Hosenbeinen meint, vermeide es aber, an dieser Stelle weiter zu bohren.

«Wir haben die 2000 geschafft.» Mit diesen Worten beendet Förster Beyer einen für mich sehr, sehr, langen Tag. Trotzdem bin ich glücklich, und da ich meinen toten Punkt bereits überschritten habe, kann mich auch jetzt nichts mehr schocken.

Die Erschöpfung wird abgelöst von dem Gefühl, heute wirklich etwas Sinnvolles getan zu haben. Zumal wir mit unserem Arbeitseinsatz umgerechnet das CO_2, das 50 Autos 300 Jahre lang ausstoßen, kompensiert haben.

Ich verabschiede mich von Frau Nagel und drücke anschließend sogar Yi an mich. Ich hoffe, er hat den Wettkampf sportlich genommen. Verloren hat er trotzdem. Die letzten Worte des Tages gehören dem Förster: «Wir waren schneller, als ich gedacht habe. Ich bin wirklich beeindruckt von euch.»

Und jetzt eine Dusche.

BESSERWISSERBOYKASTEN

Alles so einfach

Zum einen hat mir die körperliche Ertüchtigung durchaus Freude bereitet, allerdings erst nach einigen Tagen, als der Muskelkater verschwunden war. Zum anderen war es aber auch ein tolles Gefühl, etwas wirklich Gutes getan und das Ergebnis sofort gesehen zu haben.

Frei nach dem Motto: Was nicht schmeckt, wird schon helfen! Das weiß ich noch von früher, wenn Mutter Schlegl mich gezwungen hat, ekligen Hustensaft zu schlucken.

Anneliese Schmidt erklärt

Diese Baumpflanzaktionen sind nicht ganz unumstritten. Greenpeace weist darauf hin, dass es noch nicht geklärt ist, wie viel CO_2 Bäume tatsächlich speichern. Schaden tut es aber zumindest nicht.

Baby ich tu's

Es dürfte ja wohl klar sein, was ich von Ihnen verlange: Ab aufs Feld und einen Wald pflanzen!

In einem Blog wurde die Geschichte einer Autovermietung für Ferraris erwähnt, die damit warb, dass man den Ferrari CO_2-neutral anmieten könne, da die Firma in entsprechende Baumpflanz-Projekte investieren würde. Achten Sie also bitte auf das richtige Gefährt, mit dem Sie zum Ablasshandel fahren.

Paul surft

www.wikiwoods.org
www.naju.de
www.klimawandel.com

«Diese Computerfuzzis von SAP sind zu 80 Prozent echt komische Typen.» Das ist doch mal ein Satz mit Feuer. Gesprochen
von meinem Taxifahrer, der mich gerade vom Bahnhof Walldorf
ins Zentrum fährt. Der Mann mit hartem hessischem Akzent
babbelt weiter: «Wenn die einsteigen, packen die sofort ihren
Computer aus. Dann wollen die auch noch, dass ich mein Radio
ausmache. Die sind doch bekloppt. Arbeiten viel zu lange, sind
geschieden und sitzen nur vor dem Computer.» Mit genau einem dieser Computerfuzzis, auch IT-Spezialist genannt, habe
ich gleich einen Termin. Eberhard Schick, 39, ist Mitarbeiter
der SAP AG, des größten europäischen Softwareherstellers.
1976 wurde die SAP GmbH gegründet, die ein Jahr später von
Mannheim nach Walldorf umzog. SAP hat weltweit 41 919 Beschäftigte (Stand: Juni 2006) und erwirtschaftete 2006 einen
Umsatz von 9,402 Milliarden Euro. Rund 10 000 Mitarbeiter
arbeiten im SAP-Hauptsitz Walldorf. Das Einzige, das SAP bis
Juni 2006 nicht hatte, war ein Betriebsrat. Dann kam Eberhard
Schick. Er kämpfte gegen alle Fronten, musste sich beleidigen,
Buhrufe, Pfiffe und Schmähungen über sich ergehen lassen,
aber hat sich letztlich erfolgreich durchgesetzt. SAP hat nun
einen Betriebsrat − eine Einrichtung, die wichtig ist, um die
Rechte der Arbeitnehmer zu schützen, die aber natürlich von
Unternehmen nicht sehr geschätzt wird. In Zeiten der Globalisierung wird eine solche Einrichtung auch in Deutschland
immer mehr bekämpft und mit Hilfe von Gesetzeslücken gerne
umgangen. In vielen Ländern gibt es gar keine Arbeitnehmer-

vertretung, die für Löhne, Arbeits- und Urlaubszeiten kämpft. Die Folge ist, dass in diesen Ländern günstiger produziert werden kann – allerdings auf Kosten der Gesundheit und des Wohls der Arbeiter, die den Arbeitgebern ausgeliefert sind.

Wie sieht ein Kämpfer für Arbeitnehmerrechte aus? Wie redet er? Kann er auch mich mit seiner Kraft und Redegewandtheit mitreißen? Voller Erwartung steige ich aus dem Taxi und treffe Herrn Schick schließlich vor dem spanischen Restaurant «La Tortuga». Eberhard Schick ist schon beim ersten Eindruck die klassische Antithese zu meinen Erwartungen. Er ist der typische IT-Mann: hager, blass, groß, mit Brille und einer Frisur, die meine Mutter schon immer gerne an mir gesehen hätte. Da die ein großer Fan von Buddy Holly war, gebe ich Schick in Gedanken diesen Spitznamen, obwohl er wahrscheinlich nicht viel mehr als seine Brille mit dem 60er-Jahre-Musiker gemein hat. Er redet schnell, ohne Punkt und Komma, und völlig ohne Emotionen. Das soll der Mann sein, der nach 34 Jahren einen Betriebsrat bei SAP durchgesetzt hat? Trotzdem wirkt der promovierte Physiker sympathisch. Er erinnert mich ein wenig an meinen Klassenkumpel Christoph vom Gymnasium, den alle nur «Professor» nannten. Es fiel ihm schwer, soziale Kontakte zu knüpfen, aber die Noten, vor allem in Mathe und Physik, waren sensationell. Und ich durfte immer bei ihm abschreiben.

Schick erzählt mir, wie schwer es war, den Betriebsrat bei SAP durchzusetzen, und das, obwohl der Gesetzgeber den Mitarbeitern eines Betriebs ausdrücklich erlaubt, einen solchen zu gründen, wenn es fünf Angestellte gibt. Die betriebsrätliche Vertretung der Arbeitnehmerinteressen ist also eine selbstverständliche Angelegenheit, um wenigstens ein bisschen auf Augenhöhe mit dem Arbeitgeber zu sein. Doch der SAP-Vorstand schürte im Vorfeld geschickt Angst und beeinflusste seine Mitarbeiter. «Ein Betriebsrat wird die Erfolgsgeschichte von

SAP in Gefahr bringen», sagte damals etwa der Großaktionär Hasso Plattner in einem Interview. Und Firmengründer Dietmar Hopp drohte sogar mit der Verlegung der Konzernzentrale aus Deutschland. Doch Eberhard Schick ließ sich nicht beeinflussen. Er war schon früh politisiert worden: Anfang der 80er Jahre ist er gegen die Pershing-Raketen auf die Straße gegangen, war Mitglied bei den Jusos und wurde später Mitglied bei der Gewerkschaft IG Metall. Trotzdem hatte auch er nicht mit einem solchen Gegenwind gerechnet, denn bei aller Liebe zur Mitbestimmung – Tage wie jene im Februar und März 2006 möchte er nicht unbedingt noch einmal erleben. Vor und nach der Betriebsversammlung, dem ersten wichtigen Schritt zur Gründung eines Betriebsrats, war der Druck immens. «Ich bekam hunderte Mails, viele voller Drohungen und Schmähungen. ‹Hau doch ab› war da noch harmlos. Mir persönlich hat aber nie einer etwas ins Gesicht gesagt. Ich wurde von vielen Mitarbeitern gemieden und nur einmal am Kaffeeautomaten angeschrien.» Auch einen anonymen Drohanruf gab es. «Aber da war meine Freundin am Apparat.»

Auf der hitzigen Betriebsversammlung bekam er wütende Buhrufe zu hören, außerdem gab es handgemalte Plakate an den Bushaltestellen mit Parolen wie «Keine Macht den Räten». Quasi ein Arbeitskampf mit vertauschten Rollen: Nicht ausgebeutete Arbeitnehmer und die Gewerkschaft schritten Seit an Seit gegen die bösen Unternehmer, sondern Arbeitnehmer und Vorstand. Doch warum? Jeder klar denkende Arbeitnehmer sollte doch wissen, dass ein Betriebsrat dafür da ist, seine Interessen zu vertreten, und damit nur Positives schafft. «Das ist tatsächlich nicht leicht zu verstehen. Das hat aber natürlich etwas mit der Geschichte von SAP zu tun», erklärt Schick. «Lange Zeit hat Firmengründer Dietmar Hopp wie ein guter Monarch geherrscht und viele Geschenke verteilt. Außerdem hatten viele Angst vor dem Einfluss der Gewerkschaften.» Man muss wissen: SAP war zur Hopp-Zeit und vor dem Krisenjahr 2002 tatsächlich ein Unternehmen, das für seine Mitarbeiter so paradiesisch war, dass man eigentlich gar keinen Betriebsrat benötigte. Keine betriebsbedingten Kündigungen, flexible Arbeitszeiten, die der Arbeitnehmer selbst bestimmen durfte, und eine Kantine, in der es kostenloses Essen gab. Dazu Yoga- und Tai-Chi-Kurse umsonst. Bisher gab es zwar noch immer keine betriebsbedingten Kündigungen, aber Kosten und Effizienz werden in Zeiten zunehmender Globalisierung immer stärker kontrolliert – und das Essen nur noch gegen Vorlage des Firmenausweises ausgegeben. Dadurch sank die Menge der Essensportionen schlagartig um tausend pro Tag, denn Freunde, Familienmitglieder oder holländische Camper wurden im Gegensatz zu früher nun nicht mehr in der Kantine gesichtet. Was für ein Luxusproblem, denke ich mir.

«SAP geht es aber im Vergleich zu vielen anderen immer noch sehr gut», erzählt Schick. Und somit erklärt sich auch, warum die SAP-Mitarbeiter jeglicher Veränderung, und sei es auch nur die Einführung eines Betriebsrats, skeptisch gegenüberstehen. Schick aber spürte schon lange, dass ein Betriebsrat ein Unternehmen weiterbringt. «Ich wusste von Anfang an, dass ich das Richtige tue. Aber manchmal braucht man dafür halt ein ganz dickes Fell», gibt er zu. Zur Zeit der internen Beschimpfungen dachte er auch ein paar Mal ans Aufgeben. «Es gab diese dunklen Momente. Aber mein engster Freundeskreis stand immer fest zu mir. Ohne die hätte ich es nicht geschafft», bekennt er.

Ich wundere mich noch immer, dass er selbst solche emotionalen Sätze völlig nüchtern sagen kann. Er muss es schwer gehabt haben, seine Kollegen rhetorisch und emotional von seiner Idee zu überzeugen und sie mitzureißen. Eberhard Schick hat etwas Kühles, Trockenes an sich, mein Vater würde jetzt sagen: «Der Junge muss sich mal locker machen und einen heben.» Tut er aber nicht, wir trinken Apfelschorle. Leckere Tapas will Herr Schick auch nicht bestellen, was die Kellnerin merklich verstimmt. «Nur hier sitzen und was trinken geht eigentlich nicht. Ihr nehmt mir ja den Tisch weg.» Diese Aussage verwundert dann doch etwas, da außer unserem nur noch ein anderer der zehn Tische besetzt ist. Lege dich jedoch nie mit einer streitbaren Spanierin an. Hier geht es ums Prinzip. Also schnell die Zeit nutzen, bis wir endgültig den verbalen Rauswurf bekommen. Ich möchte von Schick wissen, was denn der Betriebsrat bisher erreicht habe. «Er hat zuerst einmal endlich für mehr Transparenz gesorgt», antwortet Schick. Jeder Mitarbeiter kann jetzt intern einsehen, dass SAP seine Mitarbeiter in 15 Gehaltsgruppen bezahlt, die je nach Tätigkeit von 18 000 Euro bis 214 000 Euro Jahresgehalt reichen. «Die Dinge werden also nicht mehr unter der Decke gehalten», bestätigt Schick. Außerdem werden die Stellen jetzt auch intern ausgeschrieben. «Damit lässt sich Vetternwirtschaft vermeiden. Und wir können dafür kämpfen, dass keine Bewerbergruppe benachteiligt wird», erklärt Schick. Ein wichtiger Punkt. Zusätzlich gibt es nun einen Ausschuss zum Thema Mobbing. Außerdem wurde ein Arbeitsplatz gerettet. «Ein Kollege litt an einer länger andauernden Krankheit, an einer Depression. Deshalb sollte ihm gekündigt werden. Aber da wurde der Betriebsrat aktiv und hat das verhindert», erzählt Schick. Na also, schon allein wegen dieses Falls hat sich die Gründung gelohnt. Haben die Kollegen das denn mittlerweile eingesehen und sich für ihr zweifelhaftes Verhalten entschuldigt? «Nein. Keiner hat seine Beleidigungen zurückgenommen. Aber es werden auch keine Bedenken mehr geäußert. Und mit mir reden auch wieder viele, die mich vor einem Jahr noch beschimpft haben», berichtet Schick.

Ich finde das Verhalten der Mitarbeiter äußerst armselig und gebe dies Schick auch zu verstehen. Erstaunlicherweise nimmt er seine Kollegen in Schutz und zeigt Verständnis für ihr Verhalten. Ich glaube ihm an dieser Stelle, dass er nicht nur Ärger vermeiden will. Nein, er ist einfach ein bescheidener, verständnisvoller Typ, kein kämpferischer, bulliger Gewerkschaftler. Schick empfindet auch keine Genugtuung, weil er bezüglich der positiven Einflussnahme des Betriebsrats recht behalten hat. Er ist kein Mensch, der seinen Namen in der Zeitung lesen muss, auch wenn er es aufgrund seines Kampfs und Durchhaltevermögens verdient hätte. Vielmehr muss ich ihm noch etwas versprechen: «Bitte nenne die Namen derer, die an meiner Seite für den Betriebsrat gekämpft haben. Ich war das nicht alleine.» Noch ein Beweis dafür, dass man Schicks Ego nicht streicheln muss, was ihn einmal mehr äußerst sympathisch macht. Vor mir sitzt jemand, der von seinen Kollegen enttäuscht wurde und trotzdem kein Stück nachtragend ist. Ein ganz normaler Alltagsheld, auch wenn er immer noch wie Clark Kent wirkt, der einfach keine Telefonzelle finden will. Schick hat aber noch eine Botschaft: «Es gibt noch viele Unternehmen, die keinen Betriebsrat haben und bei denen von oben mächtig Druck ausgeübt wird. Das muss sich ändern.»

«Wollt ihr noch immer nichts bestellen? Jetzt reicht es aber.» Die Kellnerin sitzt uns im Nacken. Wir geben uns geschlagen und räumen das Feld.

Mit seinem Fahrrad verschwindet Schick ins Dunkel der Nacht von Walldorf. Aber bevor ich dieses Kapitel beende, muss ich natürlich noch mein Versprechen einlösen. Also, gut: Johannes Reich, Ralf Kronig, Jens Weidner und Bernard Rummel. Keiner schafft es ganz alleine!

BESSERWISSERBOYKASTEN

Alles so einfach

Es lohnt sich immer zu kämpfen, wenn man das Gefühl hat, im Recht zu sein. Sich mit dem Arbeitgeber anzulegen ist natürlich ein gewagter Schritt, aber mit überzeugenden Argumenten und den richtigen Leuten an der Seite wird jeder Mut belohnt. Zumindest zeigt uns das das Engagement von Eberhard Schick und vielen anderen Mitarbeitern, die jahrelang in Unternehmen für die Gründung von Betriebsräten gekämpft haben und schließlich Erfolg hatten.

Baby ich tu's

Und damit auch jeder weiß, wie es geht, hier die drei kleinen Schritte zur Betriebsratsgründung: wie gesagt, ab fünf Mitarbeitern ist sie gesetzlich erlaubt. Sinnvoll ist es immer.

1. Schritt: Drei Mitarbeiter laden zu einer Betriebsversammlung. Diesen drei Mitarbeitern darf deswegen nicht gekündigt werden.
2. Schritt: Betriebsversammlung mit Wahl des Wahlvorstands.
3. Schritt: Der Wahlvorstand wird gewählt und bereitet die Betriebsratswahl vor. Sollte es zu keiner Wahl kommen, bleibt nur der Gang vor das Arbeitsgericht.

Paul surft

www.sap.com
www.verdi-bub.de
www.betriebsrat.com

Ein seltsamer Morgen war das. Zuerst mein morgendliches Schreckerlebnis auf der Zugfahrt nach Freiburg: In jedem ICE gibt es eine Behindertentoilette, die natürlich jeder Reisende benutzen darf und die sich dadurch auszeichnet, dass sie besonders geräumig und mit einer speziellen Schiebetür versehen ist. Die Tür öffnet und schließt sich auf Knopfdruck äußerst langsam. Zum Verriegeln muss jedoch ein Knopf betätigt werden, auf dem sich ein Schlüsselsymbol befindet. Sie werden sich bestimmt fragen, warum ich Ihnen mit solchen Banalitäten komme. Grund ist meine Wut über die ewigen menschlichen Makel Ungeduld und mangelndes Technikverständnis. Denn es kommt immer mal wieder vor, dass jemand die Toilettentür öffnet und hineintritt, aber vergisst, sie zusätzlich zu verriegeln, da er davon ausgeht, dass das automatisch geschieht. Das führt manchmal zu sehr unästhetischen Szenen, so wie jene, die ich an diesem Morgen erleben musste. Nichts ahnend öffne ich die Toilette und sehe eine halbnackte Dame mittleren Alters in Hockposition über der Schüssel kauernd, wohlgemerkt, die feine Dame hat sich nicht vollständig hingesetzt, da sie wahrscheinlich – völlig zu Recht – Angst vor den berüchtigten Zugviren hat, die sich besonders gerne auf Brillenrändern tummeln. Als besagte Dame mich nun entdeckt und merkt, dass die Tür sich öffnet, beginnt sie laute, spitze Schreie von sich zu geben. Ich gebe ebenso einen überraschten Laut von mir, halb angewidert, halb amüsiert. Die Tür öffnet sich derweil langsam weiter. Die Dame befindet sich in der Zwickmühle. Sie kann nicht aufstehen, aber will auch nicht weiter in dieser Position verharren. Der einzige Ausweg aus der Situation wäre, dass ich schleunigst aus ihrem Sichtfeld verschwinde. Ich bin aber durch den Schreck und die Überraschung wie festgefroren und verharre für einige lange Sekunden. Ein äußerst unangenehmer Moment. Für uns beide. Aber lange Zeit habe ich mich morgens nicht mehr so wach gefühlt. Im Zug wechsele ich schnell das Abteil, damit ich der Dame möglichst nie wieder in meinem Leben über den Weg laufen muss.

Zeitsprung. Ich sitze im Taxi von Freiburg nach Schönau. Die Entfernung beträgt ganze 38 Kilometer, aber eine andere Möglichkeit habe ich nicht, am frühen Morgen schnell in die kleine 2500-Einwohner-Stadt mitten im Schwarzwald zu kommen. Schönau ist einzigartig in Deutschland, denn die Schönauer Bürger haben ihr Stromnetz gekauft und betreiben es selbst. Konsequenz: Schönau ist atomstromfrei. Energiesparen und umweltfreundliche Neuanlagen werden gefördert. Das ist gut so, denn die großen Stromkonzerne wie E-ON oder Vattenfall gehören mit ihren Kohlekraftwerken zu den größten CO_2-Produzenten, ganz abgesehen von der Gefahr, die von Atomkraftwerken ausgeht. Für ein atomstromfreies Schönau waren aber viele harte Auseinandersetzungen und Bürgerentscheide notwendig, es war der typische Kampf David gegen Goliath. Im März 1996 entschieden sich die Schönauer Bürger endgültig dafür, die Stromkonzession an die inzwischen gegründeten Elektrizitätswerke Schönau (EWS) zu vergeben und das Stromnetz vom bisherigen Energieversorger zurückzukaufen. Doch sofort tauchte eine große Hürde auf: Statt der vom Gutachter der Bürgerinitiative errechneten 3,9 Millionen DM für das Netz wollte der Energieversorger 8,7 Millionen DM – unter Energieversorgern eine beliebte Methode, Netzrückkaufpläne von abtrünnigen Gemeinden zu verhindern. Trotzdem ließen sich die Schönauer Bürger nicht abschrecken und versuchten vor allem durch großangelegte Spendenkampagnen, den fehlenden Betrag aufzutreiben. Es gelang ihnen, und 1997 übernahm EWS tatsächlich als erster Netzbetreiber aus der Anti-Atom-Bewegung die Stromversorgung in Schönau.

Und mit der Geschäftsführerin der Elektrizitätswerke Schönau, Ursula Sladek, werde ich mich gleich treffen. Wenn der Taxifahrer überhaupt den richtigen Weg findet. Denn damit sind wir bei der zweiten Absonderlichkeit des heutigen Morgens. Dicke, dichte Nebelwände lassen einen nicht einmal die Hand vor Augen sehen, geschweige denn den Asphalt der Straße oder die Kühe auf der Wiese. Auch das Fernlicht verbessert die Situation nicht. Für mich Stadtkind ist dieser Nebel tatsächlich etwas Außergewöhnliches. Selbst bei meinen jugendlichen Nachtwanderungen mit den Pfadfindern durch den Harz kam es nie zu einer derartigen Nebel-Begegnung.

Nach 90 Minuten im 25-Stundenkilometer-Kriechtempo erreichen wir schließlich unser Ziel: ein Gebäude mit einer riesigen EWS-Flagge. Ursula Sladek wartet bereits auf mich, begrüßt mich aber trotzdem herzlich. Nach der Atomkatastrophe von Tschernobyl 1986 beschloss sie, sich gegen Atomenergie zu engagieren, denn dieser Super-Gau habe ihr die Augen geöffnet, wie sie mir gleich zu Beginn unseres Gesprächs erzählt. Sie versuchte daraufhin Stromsparwettbewerbe zu organisieren, Wasserkraftwerke im Schwarzwald zu reaktivieren und Blockheizkraftwerke zu finanzieren. Nach sieben Jahren politischer Arbeit übernahm die Bürgerbewegung schließlich das örtliche Stromnetz, und Sladek wurde die Geschäftsführerin der EWS. Im Jahr 2004 erhielten Ursula und ihr Mann Michael Sladek für ihre Verdienste und ihr Engagement sogar das Bundesverdienstkreuz am Band.

Zu Anfang möchte ich überprüfen, wie sauber und unabhängig der Schönauer Strom wirklich ist, da ich immer noch ein paar Bedenken habe. «Wir sind zu 100 Prozent unabhängig und bieten zu 100 Prozent sauberen Strom an», verteidigt sich Frau Sladek und ergänzt: «Wir sind eine reine Bürgergesellschaft, nicht einmal die Stadt Schönau ist beteiligt. Außerdem hat jeder Bürger nur eine Stimme, egal, wie viel Geld er einzahlt. Damit soll verhindert werden, dass unter dem Deckmantel eines Bürgers doch noch ein Großkonzern hineinkommt.» So viel zur Unabhängigkeit, aber wie sieht es mit dem Ökostrom aus? EWS setzt nämlich nicht nur auf reine Wasserkraft, sondern zu 5 Prozent auch auf Kraft-Wärme-Kopplung, eine sehr effiziente Energiegewinnung, bei der sowohl die durch die Energieumwandlung erzeugte elektrische Energie als auch die entstehende Wärme genutzt wird. Die ist allerdings nicht völlig CO_2-frei.

«Das war eine politische Entscheidung von uns. Es wäre ein Leichtes gewesen, komplett darauf zu verzichten, so wie Greenpeace Energy das macht. Aber wenn wir unsere Klimaziele wirklich erreichen wollen – bis 2050 80 Prozent der CO_2-Emissionen gegenüber dem Jahr 1990 – müssen wir auf KWK als Übergangstechnologie zur Versorgungssicherheit setzen», sagt Sladek. «Übrigens, die vier Energieriesen bekämpfen KWK bis aufs Messer.»

Auch Politiker und Wirtschaftsvertreter lassen uns ständig wissen, dass als Übergangstechnologie eigentlich nur Atomstrom oder Kohle in Frage kommt. Nur sie könnten den Energiebedarf decken, bis der Anteil der alternativen Energie so ausgebaut worden ist, dass er uns alle komplett versorgen kann. «Eben das ist eine Lüge», poltert Sladek. «Wir müssen auf KWK und erneuerbare Energien setzen. Ich kann es nicht verstehen, dass jetzt neue Kohlekraftwerke gebaut werden. Das ist im Hinblick auf den Klimawandel unfassbar. Aber den vier Energieriesen geht es nur um Profit und Machterhalt.»

Ich kann mir allerdings nicht vorstellen, dass die EWS gar nicht auf ihre Bilanzen achtet. «Das Jahresgehalt des E-ON-Chefs ist so hoch wie unsere Gewinne aus 20 Jahren. Wir sind einfach weniger gierig, da für uns die ökologischen Aspekte zählen. Aber natürlich freuen auch wir uns über schwarze Zahlen.»

Nur, wie kann man das Monopol der Energieriesen aufbrechen, denen mittlerweile 80 Prozent aller Kraftwerkskapazitäten gehören? Was kann man tun, wenn man sich für sauberen Strom und den Klimaschutz einsetzen will? «Der einzelne Bürger muss aktiv werden, da die Politik sich nicht mit den Wirtschaftsbossen anlegen will. Der Strompreis ist in den letzten vier Jahren um 100 Prozent angestiegen, obwohl die alten Atom- und Kohlekraftwerke von früher schon ewig abgeschrieben sind. Es wird Zeit, dagegen zu kämpfen. Die Bürger müssen die Politik und die Wirtschaft vor sich hertreiben», antwortet Sladek, die nun die Handlungsmöglichkeiten erläutert. «Der Bürger kann gemütlich zu Hause sitzen bleiben und den Stromanbieter wechseln. Das ist wichtig, denn jeder, der nicht wechselt, gibt den Energieriesen die Legitimation, so weiterzumachen wie bisher. Trotzdem ist es wichtig und auch erfolgversprechend, wenn man zum Demonstrieren auf die Straße geht.» In München sollte beispielsweise ein neues Kohlekraftwerk gebaut werden. Selbst die neueren Braunkohlekraftwerke verursachen noch immer über 1000 Gramm CO_2 pro Kilowattstunde. Die Bürger sind aber so auf die Barrikaden gegangen, dass die Münchener Stadtwerke davon abgesehen haben. Die Antwort kann also nur eine Kombination aus beiden Elementen sein. «Ich kenne Leute, die sich extra Urlaub nehmen, um auf eine Demonstration gegen Atomstrom gehen zu können. Die nehmen sogar in Kauf, von Polizisten zusammengeschlagen zu werden. Gleichzeitig beziehen sie zu Hause immer noch Atomstrom. Das ist doch völlig paradox», berichtet Frau Sladek. Ich kann die unsicheren Bürger aber verstehen; auch meine Eltern glauben, dass sie mit Ökostrom plötzlich Gefahr laufen, nicht mehr ausreichend versorgt zu sein. «Wenn da dann Solarstrom in der Leitung ist, sitze ich ja abends im Dunkeln», sagte Vater Schlegl erst vor kurzem. Auch mein gutes Zureden, dass der Strom der gleiche bleiben würde und weiterhin ganz normal aus der Steckdose käme, war von keinem Erfolg gekrönt. Er blieb hart und wollte den großen Energiekonzern lieber nicht verärgern, weil der ja dann den Strom aus Rache völlig abstellen könne. Kein Scherz. Aber ich werde nicht aufgeben zu nerven, bis ich ihn schließlich doch überzeugen kann. Ansonsten melde ich mich unter seinem Namen einfach hinterrücks bei einem Ökostromanbieter an. Das hat er dann davon.

Frau Sladek bietet mir ein neues Argument an, um meine Eltern endgültig zu überzeugen. «Die Fabrik, die Ritter-Sport-Schokolade produziert, bezieht jetzt unseren Ökostrom. Die brauchen mehr Strom als ganz Schönau und können sich produktionstechnisch nicht erlauben, ein Risiko einzugehen. Wenn die das mit dem Ökostrom machen, kann es jeder», schmunzelt die Dame, deren Ruf sogar bereits in Japan bekannt ist. Dorthin wurde sie vor einiger Zeit von einem japanischen Journalisten zu einer Vortragsreise eingeladen. In der Nähe von Tokio sollte eine Solaranlage auf dem Dach einer Schule entstehen. Die Bürger waren dafür, die kommunale Verwaltung, wie so oft, dagegen. Dann kam Frau Sladek, hielt eine kämpferische Rede vor Ort und sprach mit den Kommunalpolitikern. Einige Monate später erhielt sie einen Anruf aus Japan. «Man sagte mir, dass die japanischen Bürger sich gegen die

Verwaltung durchgesetzt hätten», erzählt Ursula Sladek mit einem diebischen Grinsen auf den Lippen.

Und genau so eine Solaranlage möchte sie mir jetzt persönlich zeigen. Wir klettern gemeinsam aufs Dach der Elektrizitätswerke Schönau. Es nieselt, und der Nebel hat sich immer noch nicht verzogen. Die riesige Photovoltaikanlage füllt fast das komplette, nur leicht schräge Dach aus. Aber bei dem Wetter ist sie doch nutzlos?! «Nein, es geht um die Helligkeit. Selbst bei solchen Witterungsverhältnissen müsste sie Strom produzieren», erklärt Sladek. Ich kann ihr das einfach nicht glauben und wette dagegen. Sie schlägt ein, und wir klettern zurück auf den Boden der Tatsachen. Im Gebäude schauen wir auf eine kleine Digitalanzeige. «Jetzt wird sich herausstellen, ob ich recht hatte», versucht die Rebellin von Schönau ein wenig Spannung zu schüren. Auf der Anzeige steht: «0,1». Das bedeutet, dass die Solaranlage auf dem Dach gerade 0,1 Kilowatt Strom pro Stunde produziert, was wohl nicht mal ausreichen würde, um eine Stunde lang «Wetten, dass ...?!» zu gucken. «Sehr wenig, aber sie erzeugt Strom. Ich bin wirklich erstaunt, dass es nicht mehr ist.» Trotzdem, die Wette habe ich verloren. Gut, dass dieser Gottschalk nicht in der Nähe ist.

BESSERWISSERBOYKASTEN

Alles so einfach

Ähnlich wie die Umweltverbände sind sich auch die wenigen Ökostrom-Anbieter am Markt nicht einig und legen ein ausgeprägtes Konkurrenzdenken an den Tag. Ganz im Gegensatz zu den Atomstromgiganten, die auch Preisabsprachen nicht scheuen.

Anneliese Schmidt klärt auf

In normalen Kraftwerken werden nur 30 Prozent der eingesetzten Energie in Strom umgewandelt. 70 Prozent bleiben ungenutzt und wirken sich sogar negativ auf die Umwelt aus, weil sie beispielsweise die Aufheizung von Flüssen befördern. Dagegen entstehen bei der Stromerzeugung mit Kraft-Wärme-Kopplung nur rund 10 bis 20 Prozent Verluste, mit Brennwertnutzung sogar noch weniger.

Baby ich tu's

Wechseln Sie den Stromanbieter. Weg von Atomstrom – hin zu echtem Ökostrom!

Paul surft

www.ews-schoenau.de
www.bkwk.de
www.klimadepesche.de

Als ich nach Hause komme, quillt mein Briefkasten mal wieder über. Ich habe es auch nach zwei Jahren nicht geschafft, das Schild «Keine Werbung» anzubringen. Neben Flyern von Pizzabringdiensten und allerlei Gewinnspielpost finde ich aber auch in stiller Regelmäßigkeit einen Brief von Vattenfall in dem unliebsamen Papierhaufen. Was ich nämlich gleich bei Einzug in die Wohnung erledigt habe, war der Stromanbieterwechsel. Ein paar Wochen war ich noch Vattenfall-Kunde, ehe ich dann zu einem der vier großen Ökostromanbieter wechselte. Diese Zeit hat Vattenfall aber völlig ausgereicht, um festzustellen, dass ich ein toller Kunde bin. Zumindest wird mir das immer wieder in den Briefen geschrieben, und deswegen wolle man mich zurückhaben. Außerdem hätte man ja auch ganz tolle Ökostromtarife. Und das ist genau mein Problem, das ich mit dem schwedischen Großkonzern habe: Der Name könnte zwar darauf hinweisen, dass der Strom, den sie verkaufen, von Wasserkraftwerken produziert wird, doch dem ist leider nicht so. Der Strom der vier Marktführer Vattenfall, EON, RWE und EnBW stammt zu einem großen Teil aus Atomkraftwerken. Die werden uns zwar als völlig bedenkenlos verkauft, weil sie zum Beispiel kein CO_2 ausstoßen. Aber die Gefahr von Atomkraftwerken lauert, wie wir spätestens seit dem Reaktorunfall in Tschernobyl wissen, ganz woanders: Auch mehr als zwanzig Jahre nach dem Super-Gau erkranken in der Umgebung überdimensional viele Menschen an verschiedenen Krebserkrankungen, ganze Landstriche sind wegen der Verstrahlungen unbewohnbar. Doch die ukrainische Stadt kommt in den Argumenten der Stromriesen nicht vor. Ganz im Gegenteil: Gefahren werden kleingeredet und Störfälle verschwiegen. Der blanke Hohn ist beispielsweise die Seite www.klimaschuetzer.de, auf der tatsächlich in einer kleinen Diashow der «Klimaschützer der Woche» vorgestellt wird. Doch wer jetzt denkt, dass dort Fotos von Al Gore, dem Greenpeace-Vorsitzenden oder wenigstens von Jenny Elvers gezeigt werden, weil sie beschlossen hat, ihre Showkarriere aufzugeben, der irrt. Stattdessen sind liebliche Postkartenmotive von Kernkraftwerken zu sehen. Im Vordergrund grasen Schafe, im Hintergrund ist beispielsweise das Kernkraftwerk Brunsbüttel zu sehen, mit dem Hinweis, dass es im Jahr 6 Milliarden Kilowattstunden Strom erzeugt und dabei kein CO_2 ausstößt. Davon eingelullt, will man eigentlich gleich ein Praktikum als Reaktorwärter machen.

Das Impressum gibt schnell Aufschluss darüber, wer für diese Seite verantwortlich ist: das Deutsche Atomforum e.V. in Berlin. Neben Fotos mit Wiesen, Flüssen und den Atombestien wissen die Verfasser aber auch viel über Sicherheitsaspekte zu berichten: «Höchste Priorität bei der Nutzung der Kernkraft hat der Schutz für Mensch und Umwelt. Von Anfang an stand bei der friedlichen Nutzung der Kernenergie die Sicherheit im Vordergrund. Dies führte zu den weltweit anerkannten hohen Sicherheitsstandards der deutschen Kernkraftwerke. Bei der Auslegung und beim Betrieb der Anlagen wurden und werden auch die denkbar unwahrscheinlichsten Störfallannahmen berücksichtigt. Die deutschen Kernkraftwerke unterliegen strengsten Sicherheitsvorschriften und sind führend in puncto Sicherheit, Zuverlässigkeit und Verfügbarkeit. Ein Grund: Rund um die Uhr sorgen mehr als 5000 hochqualifizierte Mitarbeiter dafür, dass Deutschlands Kernkraftwerke zu den zuverlässigsten und sichersten der Welt gehören.»

Das ist in etwa so, als würde man den vollmundigen Geschmack von Zyankali-Zigaretten preisen und loben, dass sie keinen Lungenkrebs verursachen – kein Wunder, man wäre ja auch nach dem ersten Zug tot!

Möglicherweise gehören deutsche Atomkraftwerke sogar zu den sichersten der Welt, doch erstens konnten wir auch nach dem meilenweit entfernten Tschernobyl-Supergau keine Radieschen mehr aus dem heimischen Garten essen, und zweitens gibt es auch in Deutschland noch genügend besorgniserregende Störfälle, die teilweise nicht mal publik gemacht werden, wie z. B. 2007 im Atomkraftwerk Krümmel. Der Störfall wurde zunächst verschwiegen und später kleingeredet. Daraufhin musste der deutsche Chef von Vattenfall seinen Job quittieren – eines von vielen Bauernopfern.

Im Anschluss pumpte der Konzern viele Werbemillionen in eine Wiedergutmachungskampagne. Von den ganzseitigen Anzeigen, in denen Fehler eingeräumt wurden und um Kunden wie mich gebettelt wurde, konnten die Zeitungen und Magazine richtig gut leben. Sogar der Spiegel befand später, dass der Vorfall in Krümmel gar nicht so schlimm gewesen sei – nicht ohne weitere Anzeigen der Atomkonzerne im gleichen Heft zu drucken.

Als ich eine dieser Werbeseiten entdecke, entschließe ich mich, Vattenfall einmal einen Besuch abzustatten. Ich will versuchen, sie mit ihren eigenen Mitteln zu schlagen, und lulle den neuen Vorstandsvorsitzenden mit einem geschmeidigen Brief ein: wie toll er das mache mit der Kommunikation, und dass mir die Anzeigen und die Aussagen sehr gefielen. Ich würde mich jetzt schon wieder sicherer fühlen, aber ihn trotzdem gerne mal treffen.

Seine Antwort lässt nicht lange auf sich warten: Der nette Herr bedankt sich für meine schönen Worte und erklärt mir, dass es noch so viel für ihn zu tun gäbe, dass er keine Zeit habe, mich zu treffen. Das verstehe ich natürlich, gebe aber nicht auf: Ich will unbedingt einen echten Vorstand einer Stromfirma treffen.

Auf einer meiner wöchentlichen Fahrten zur Extra3-Aufzeichnung nach Hamburg sitzt mir ein Herr mit einem lustigen Schnauzbart und Hut im Zug gegenüber, der mich bei meiner Feldforschung zum Thema Ökostrom belauscht hat. Ich hatte drei, vier Mitfahrer befragt, bei welchem Stromanbieter sie seien: «Vattenfall», lautete die Antwort unisono. Auf die Frage, warum sie nach den steigenden Strompreisen und den Zwischenfällen in Krümmel noch nicht den Anbieter gewechselt hätten, zuckten alle nur ratlos mit den Schultern. In diesem Moment räuspert sich der Schnauzbartträger und fragt mich, warum ich ihn nicht befrage. Nun zucke *ich* ratlos mit den Schultern. «Ich hätte Ihnen eine zufriedenstellendere Antwort gegeben, Herr Moderator!» Der Herr erklärt mir, dass er mit Robert Werner, dem Chef des Ökostromanbieters Greenpeace Energy, befreundet ist und einer der ersten Kunden dort war. Als ich ihm erkläre, auf welcher Mission ich bin, bietet er mir an, einen Termin mit Werner vereinbaren zu können. Und tatsächlich: Noch bevor wir Hamburg erreicht haben, bin ich mit dem Greenpeace-Energy-Chef verabredet.

Nur eine Stunde später treffe ich den gebürtigen Schwaben mit den buschigen Augenbrauen in einem Lokal im Hamburger Schanzenviertel. Ich erzähle ihm von meiner Wut über die irreführende Werbung der Stromriesen. «Deswegen haben *wir* auch den Claim ‹der ehrliche Strom›», erklärt Werner. «Aber der Wahnsinn geht ja noch weiter: Ein interessanter Aspekt ist doch wohl auch, dass ausgerechnet der Vattenfall-Vorstandsvorsitzende Lars Göran Josefsson unsere Bundeskanzlerin Angela Merkel im Rahmen ihrer EU-Ratspräsidentschaft und dem G8-Vorsitz in Klimaschutzfragen beraten hat! Das ist in höchstem Maße unglaubwürdig.» In Gedanken rüttele ich bei Frau Merkel an der Tür, doch sie wird wohl genauso wenig Zeit haben wie der Deutschland-Chef von Vattenfall. Was soll ich bloß tun? Mich ans Kanzleramt ketten, bis Frau Merkel rauskommt und mit mir reden will? Hilflos sortiere ich meine Gedanken und frage Robert Werner, ob es ohne Atomkraft wirklich nicht geht, so wie ich es in den Vattenfall-Schreiben lesen konnte. «Das würde ich an deren Stelle natürlich auch behaupten. Wenn man so dermaßen viel Geld damit verdient, ist es verständlich, dass man sich das Geschäft nicht vermiesen lassen will. Ich glaube aber, dass die Konzerne einen Fehler machen, wenn wir die Reaktoren, wie zum Beispiel Krümmel, länger laufen lassen. Dann werden in den nächsten Jahren für die Erneuerung dieser Reaktoren sehr hohe Kosten entstehen – eine Tatsache, die bei der ganzen Diskussion schön außen vor gelassen wird. Man geht lieber davon aus, dass die AKWs bei gleichbleibender Kostenstruktur immer höhere Erträge bringen, weil natürlich am Strommarkt die Preise steigen. Das ist ein Irrtum. Das Atomkraftwerk Stade wurde damals ja als erstes Atomkraftwerk gefeiert, das im Zuge des sogenannten Atomausstiegs abgeschaltet wurde. Interessanterweise widersprachen die Vertreter des zuständigen Atomkonzerns dieser Interpretation damals heftig und behaupteten, es sei aus rein betriebswirtschaftlichen Gründen vom Netz genommen worden: und tatsächlich ist es so, dass sie diesen Reaktor für so viel Geld hätten nachrüsten müssen, um ihn überhaupt annähernd sicher betreiben zu können, dass sich die Kilowattstunde lange nicht gerechnet hätte. Atomkraft passt einfach nicht mehr in den liberalisierten Strommarkt.

Abgesehen davon ist es natürlich absoluter Blödsinn, dass es ohne Atomstrom nicht geht. Wir müssten nur mal mehr in alternative Energieformen investieren. Das hat Vattenfall ja teilweise schon erkannt und baut Offshore-Anlagen und Windparks.» Moment mal! Hat Herr Werner zu viel Werbung von Vattenfall gelesen? Wird er gleich den Bau von Kohlekraftwerken gutheißen? «Das geht gar nicht, wenn man die Klimaschutzziele in Deutschland erreichen will. Deutschland zahlt einen Beitrag zum weltweiten Klimaschutz und hat auch eine Vorbildfunktion für Schwellenländer wie zum Beispiel China, Indien, Brasilien. Dann können wir hier keine neuen Kohlekraftwerke bauen. Braunkohle geht schon mal gar nicht! Das hängt damit zusammen, dass Braunkohle der ineffizienteste fossile Energieträger ist. Trotzdem setzen die großen Stromkonzerne immer noch auf Kohlekraftwerke.» Okay, ich muss nicht befürchten, dass Werner gleich wie einst Phantomas seine Gesichtsmaske ablegt und sich als Lars Göran Josefsson entpuppt.

Vor lauter Anspannung stoße ich aus Versehen mein Glas Apfelschorle um, und die gelbe Flüssigkeit durchnässt vollständig das linke Hosenbein von Herrn Werner. Wie peinlich, aber der groß gewachsene Mann Anfang vierzig bleibt gelassen. Allerdings ist das Gespräch an dieser Stelle beendet, da er sich vor seinem nächsten Termin die Hose trocknen muss. Schnell frage ich ihn, warum so viele, wie meine Zugmitfahrer von vorhin, zu träge sind, den Anbieter zu wechseln. Er erklärt den Menschen zum Gewohnheitstier. Strom sei außerdem ein Produkt, das nicht rieche, schmecke und das man nicht spüren könne (den berühmten Zweifingergriff in die Steckdose mal ausgenommen ...). «Würde man Strom jede Woche im Supermarkt kaufen, wie man Milch oder Brot kauft, dann hätten wir schon viel mehr Wechsler, da bin ich mir ganz sicher, weil wir dann einfach eine andere Wahrnehmung im Alltag hätten. Man kann das vielleicht mit dem Telekommunikationsmarkt vergleichen. Dort hat es auch fünf, sechs Jahre gedauert, bis der Verbraucher, selbst der aufgeklärte Verbraucher, gelernt hat, dass man sich seinen Telefonanbieter frei aussuchen kann. Ich glaube, für den Strommarkt beginnt diese Phase erst jetzt. Wir haben ja stark steigende Kundenzahlen zu verzeichnen. Es ist noch nie zuvor so viel gewechselt worden wie 2007. Das ist eigentlich ein gutes Zeichen. Ich glaube, in drei bis vier Jahren ist es etwas völlig Selbstverständliches, dass man sich den Stromanbieter frei aussucht. Aber das ist ja eine neue Freiheit, an die man sich erst mal gewöhnen muss, schließlich haben wir in Deutschland vierzig Jahre lang ein Strommonopol gehabt. Der Strom kam aus der Steckdose, man war automatisch Kunde beim Stadtwerk und hat automatisch die Gebühr bezahlt, die die vorgegeben haben. Wenn man gerade mal nicht umzieht, hat man ja nie damit zu tun. Die Menschen, die wir ansprechen, denen wir unser Produkt darlegen, die haben dann auch kein Problem, zu wechseln. Es liegt dann an uns, dieses Angebot den Leuten vorzustellen, sie zu animieren.»

Mit Verweis auf seine nasse Hose verlässt Werner nun das Lokal und gibt mir noch den Tipp, in der nächsten Woche mal bei Vattenfall reinzuschauen, da könnte ich dann vielleicht seinen Kollegen von der «dunklen Seite der Macht» erleben. «Da stand heute was in der *Mopo*, dass die jetzt jede Woche eine Fragestunden für Kunden machen!»

Mein nächster Termin steht also schon fest, denn als ich in der Zeitungsecke der Kneipe das Hamburger Lokalblatt entdecke, brauche ich nicht lange zu suchen, um eine ganzseitige Anzeige zu finden: Ein Vorstand von Vattenfall will sich im Kundenzentrum den Fragen wissbegieriger Bürger stellen. Da ich im Verlauf der Woche immer wieder ganzseitige Anzeigen mit Hinweisen auf die Kundenveranstaltung in der Hamburger Innenstadt lese, stelle ich mich auf einen harten Kampf mit anderen Bürgern ein, die so wie ich darauf brennen, ihre Fragen loszuwerden.

Gut ausgeschlafen und voll konzentriert schnüre ich daher am Tag der Fragestunde mein schwerstes Schuhwerk, damit mir beim Gedrängel keiner die Füße platt tritt. Ich erinnere mich an einen Pressetermin im Rahmen der Berlinale mit Russell Crowe, der am gleichen Tag für «Beautiful Mind» für den Oscar nominiert worden war. Zusammen mit 250 Journalisten stand ich in einem völlig überfüllten Raum, und meine neu erworbenen Schuhe sahen hinterher aus wie nach einem verregneten Open-Air-Festival, inklusive blau getretener Zehennägel. Im Eifer des Gefechts ertrug ich damals den Schmerz, zumal ich froh war, dem australischen Schauspieler drei Fragen gestellt und somit als Fragekönig den Nachmittag für mich entschieden zu haben. Das sollte heute natürlich genauso sein. Drei Fragen an den Vattenfall-Vorstand sind also meine persönliche Vorgabe. Und damit mich ein möglicher Leiter der Gesprächsrunde früh wahrnimmt, will ich eine halbe Stunde vor der angegebenen Zeit im Kundenzentrum sein. Schließlich hoffe ich, von ihm ein paar Hintergrundinformationen zu bekommen.

Ein perfekter Plan, nur hatte ich ihn ohne die öffentlichen Verkehrsbetriebe in Hamburg gemacht. «Aufgrund eines technischen Defekts im Schienennetz des HVV müssen Sie an der nächsten Haltestelle unseren Schienenersatzverkehr benutzen. Es wird daher zu zeitlichen Verzögerungen kommen, für die wir uns hiermit entschuldigen wollen», plärrt es aus den kleinen Lautsprechern in meinem Waggon. Die Schuhe, das lange Schlafen und das frühe Aufstehen – alles für die Katz! Wenn ich auch nur irgendwie meinen Generalstabsplan einhalten will, muss ich schnell aus der U-Bahn und eben nicht den Bus, sondern das Taxi nehmen. Jetzt verfluche ich meine schweren, fürs schnelle Laufen völlig ungeeigneten Schuhe.

Leicht hechelnd und schwer genervt springe ich in das erstbeste Taxi, das ich erblicke. Statt eine halbe Stunde vor der Zeit komme ich fünf Minuten nach dem angegebenen Zeitpunkt am Vattenfall-Kundenzentrum an, da natürlich halb Hamburg auf die Straße ausgewichen ist. Ich überlege schon, umzudrehen und mein Rendezvous mit dem Vattenfall-Vorstand abzuschreiben, entschließe mich dann aber doch, nicht aufzugeben, und steuere leicht verunsichert auf die Eingangstür zu. Die Verunsicherung wird größer, da ich keine Menschenseele erblicke und auch der Vattenfall-Vorstand durch Abwesenheit glänzt. Die freundliche junge Dame am Empfang erkennt meinen fragenden Gesichtsausdruck und fragt, ob sie mir helfen kann. «Fällt die Kundenfragestunde heute aus? Oder ist sie in die Color-Line-Arena verlegt worden?» In meiner Verwirrtheit erscheint es mir plötzlich logisch, dass die Anzeigenkampagne und die ersten beiden Fragestunden in der Stadt auf so großes Interesse gestoßen sind, dass man gezwungen war, die Veranstaltung in die 12 000 Personen fassende Mehrzweckhalle zu verlegen. «Nein, Sie sind der Erste, der fragt. Unser Vorstand hat gerade noch einen Termin mit einer Jugendgruppe und kommt dann gleich zu Ihnen. Sie können sich ja schon einmal da vorne hinsetzen.» Fassungslos vor Glück und Überraschung setze ich mich an einen Schreibtisch, an dem ich in wenigen Minuten einen Einzeltermin mit dem Herrscher des Hamburger Stromnetzes haben werde.

Kurze Zeit später kommt die personifizierte Antwort auf meine Fragen. Doch schon nach meinen ersten Fragen ist mir klar, dass ich hier heute nicht viel schlauer rausgehen werde. Warum hier denn so wenig los sei? Und ob ich mein Aufnahmegerät anstellen dürfte? Die erste Frage begründet der Vorstand mit dem schlechten Wetter, und dass Vattenfall wohl alle Fragen in den letzten Wochen beantwortet habe. Auf meine zweite antwortet er mit einem eindeutigen «Nein». Schade, dass er hart bleibt, denn er sieht eigentlich aus wie jemand, dem man seine Kinder und den vollen Sparstrumpf anvertrauen würde. Da ich das Gespräch für diese Zeilen aber kaum benutzen kann, bereite ich meinen Rückzug vor, nicht ohne allerdings meine Kernthesen loszuwerden. Was ist mit den Ökostrom-Angeboten? Wer bei Vattenfall beispielsweise das Strompaket «Hamburg Natur» bestellt, fördert dadurch den Energieriesen und trägt nur unwesentlich zur Besserung bei, da der Konzern mit Atom- und Kohlestrom immer mehr Gewinne machen wird als mit alternativen Energieformen. Die Öko-Pakete werden auf lange Sicht hin nur ein Werbegag sein. Außerdem enthält der Vattenfall-Normaltarif dadurch umso mehr Atomstrom, weil die sauberen Stromformen in die Ökotarife fließen. Zwar investiert Vattenfall in alternative Energiegewinnungsformen, wie uns ja auch der Greenpeace-Energy-Chef Werner bestätigte. Allerdings steht das in keinem Verhältnis zu den Einnahmen und Gewinnen. Nur wer zu den vier bekannten Ökostromanbietern wechselt (siehe Besserwisserboykasten), kann sichergehen, dass er die Atomlobby nicht fördert. Von knapp 40 Millionen Haushalten in Deutschland werden nicht mal 400 000 mit echtem Ökostrom beliefert. Die Tendenz ist zwar steigend, aber noch lange nicht ausreichend.

Natürlich sieht der Vorstand das etwas anders, geht aber auf meine Ausführungen nicht weiter ein, weil er in Zeitnot ist. Die Fragestunde mit der Schulklasse habe zu lange gedauert, deshalb bietet er mir einen weiteren Termin an, für den er sich mehr Zeit nehmen würde.

Beim Rausgehen denke ich noch darüber nach, warum sich außer mir kein Mensch für die Fragestunde interessiert hat. Am schlechten Hamburger Wetter kann es nun wirklich nicht gelegen haben. Hat Vattenfall es wirklich geschafft, die Bürger durch seine Werbekampagne in Sicherheit zu wiegen, oder sind die Menschen in der Tat so träge, wie Robert Werner vermutet hat? Interessieren sie sich wirklich nicht für die atomare Gefahr in ihrer Nähe? Kommt für die meisten der Strom tatsächlich nur aus der Steckdose? Haben sie zu wenig «Sendung mit der Maus» gesehen?

Überraschend erhalte ich einige Wochen später eine Terminbestätigung für ein weiteres Treffen mit dem Vattenfall-Vorstand. Doch auch aus diesem Gespräch will der Vorstand nicht zitiert werden. Schade! Dann gehe ich da auch nicht hin. Da geben sie so viel Geld für Zeitungswerbung aus und vernachlässigen die Buchleser …

BESSERWISSERBOYKASTEN

Alles so einfach

Geiz ist völlig ungeil! Ökostrom kostet zwar etwas mehr, aber mit den unwesentlich höheren Mehrkosten unterstützen Sie direkt eine gute Sache. Je mehr Leute zu Ökostrom-Anbietern wechseln, desto mehr Gedanken machen sich die Großkonzerne über ihre fragwürdige Kohle- und Atomstrom-Politik. EnBW, Vattenfall & Co. bieten zwar auch Ökotarife an, verdienen aber mit Atomstrom so viel Geld, dass sie niemals ernsthaft oder doch nur verhältnismäßig wenig in regenerative Energieformen investieren werden.

Anneliese Schmidt klärt auf

Der viertgrößte Stromanbieter in Deutschland, Vattenfall, hat 2007 einen Umsatz von 8,2 Milliarden Euro und einen Gewinn von 1,6 Milliarden Euro erwirtschaftet. Die vier

Ökostrom-Anbieter Greenpeace Energy, Lichtblick, Naturstrom und EWS Schönau haben 2006 zusammen 0,27 Milliarden Umsatz gemacht.

Baby ich tu's

Sie werden von einem Großkonzern aufgefordert, sich für ihn zu interessieren? Es wird eine Fragestunde oder Besichtigung angeboten? Nutzen Sie die Gelegenheit, um kritische Fragen zu stellen.

Paul surft

www.greenpeace-energy.de
www.atomausstieg-selbermachen.de
www.vattenfall.de

Die Werbeverarschung von McDonald's oder Vattenfall nervt mich noch immer, und so will ich mich mal mit einem Werbe-Experten treffen, um etwas mehr über die Hintergründe dieser Art Werbung zu erfahren.

Dr. Michael Trautmann hat sich 2004 mit der Hamburger Werbeagentur Kemper/Trautmann selbständig gemacht und zählt inzwischen zu den erfolgreichsten Werbern der Branche.

Er scheint der perfekte Gesprächspartner für mich zu sein, auch weil er seinen Doktor in ökologiegestütztem Marketing gemacht hat. Das war bereits Anfang der 90er, als Ökologie und Marketing noch gar nicht so recht zusammenpassten. Alles, was damals grün in der Gesinnung war, duschte höchstens einmal pro Woche, ließ seine Haare am ganzen Körper sprießen und fuhr sogar die Strecke Göttingen–Kassel im Zweifelsfall mit dem Fahrrad. Das Bilden von Fahrgemeinschaften war gesellschaftlich ähnlich verpönt wie heute das Tragen von Schnauzbärten. Der Umweltschutz stand noch auf wackeligen Füßen mit Turnschuhen, und Industrieunternehmen waren noch weit davon entfernt, mit ihren guten «grünen» Taten zu werben. Beim Autoquartett gewann das Auto mit dem höchsten Benzinverbrauch und nicht das mit dem geringsten CO_2-Ausstoß. Zu dieser Zeit also promovierte Michael Trautmann und beschäftigte sich im stillen Kämmerlein mit ökologischem Marketing, das damals noch graue Theorie war. So zumindest mein Vorurteil. Mit seinem ersten Satz klärt mich Trautmann allerdings auf: «Das Interessante am Thema Nachhaltigkeit ist, dass es immer wieder in Wellen zu uns kommt. Es hat Anfang der 90er schon einmal die Diskussion darüber gegeben, wurde allerdings von anderen gesellschaftlich relevanten Problemen verdrängt!»

Doch jetzt ist das Thema gesellschaftlich gesetzt und auch in der Werbung relevant, da ist sich Trautmann sicher. Sein Hang zur Ökologie ist in der ganzen Firma erkennbar. Im Logo von Kemper/Trautmann gibt es ein Olivenblatt, grün ist die Firmenfarbe, und Naturhölzer bestimmen die Einrichtung der Büros. Der Schein ist schon mal schön, aber auch Shell hat eine Muschel als Firmenzeichen, denke ich mir. Im 8. Stock des Kemper/Trautmann-Hauses in der Hamburger Innenstadt unweit der Binnenalster residieren die beiden Chefs. Doch eigentlich ist «residieren» das falsche Wort, denn ein spartanischer eingerichtetes Büro habe ich selten gesehen. Auf dem Cheftisch stehen kein Familienfoto, kein Bleistiftanspitzer oder die in Werberbüros sonst so üblichen Auszeichnungen. Nur ein Computer und ein Telefon sind zu sehen. An der Wand hängen keine Bilder, vor dem Fenster kein Vorhang.

Von den Ideen des Ökomarketing-Doktors werden wir jeden Tag verführt. Zusammen mit seinem Partner André Kemper lässt er Oliver Dittrich für den Media Markt verschiedene Kunden imitieren oder Oliver Kahn für Paulaner auf der Bierbank Platz nehmen. Er ist mitverantwortlich für die Kampagne «Du bist Deutschland!». Nun soll er mir erklären, warum das N-Wort plötzlich so angesagt ist: Mittlerweile scheint ja jede Hinterhofschlachterei einen Nachhaltigkeitsbericht zu erstellen, und wo man hinschaut, sprießen Bio-Supermärkte aus dem Boden.

Die Sekretärin kommt rein und bietet mir Bionade an, wahlweise auch heimisches Mineralwasser. Die Limonade wird ausschließlich aus kontrolliert biologischen Rohstoffen gewonnen und ist eine der erfolgreichsten Produkteinführungen der letzten Jahre. Wenn auch nicht ganz unumstritten, denn zum einen wird sie seit einiger Zeit vom Globalisierungsgiganten Coca-Cola vertrieben, und zum anderen beinhaltet sie immerhin noch mehr als vier Würfel Zucker pro Flasche. Wasser ist also immer noch das «biologischste» Getränk, falls es nicht gerade aus Fernost importiert wird.

Ich entscheide mich trotzdem für Bionade Holunder. Es sei das Lieblingsgetränk der Lohas (Lifestyle of Health and Sustainability, also eine Ausrichtung der Lebensweise auf Gesundheit und Nachhaltigkeit), erklärt mir Trautmann, der Menschen also, die sich um die Zukunft unseres Planeten Sorgen machen und ihren Konsum darauf abstimmen. Auch wenn sich viele sicherlich nur deshalb so verhalten, weil es zurzeit gerade angesagt ist. Diese Zielgruppe ist vermögend und bereit, dieses Vermögen für alles auszugeben, was bio ist oder fair gehandelt wird. «Dieser Trend ist stark wachsend», führt Trautmann aus. Wie so vieles kommt der Begriff der Lohas aus Amerika. «Endlich kommt von da drüben mal was Gutes», entfährt es mir. «Das könnte man so sagen. Während die Amerikaner lange Zeit das Thema Umweltschutz stark vernachlässigt haben, sorgen jetzt Leute wie Al Gore oder Leonardo di Caprio für eine hohe Popularität dieses Themas.» Interessanterweise soll auch Arnold Schwarzenegger zur Fraktion der Umweltschützer gehören. «Schwarzenegger hat als Gouverneur von Kalifornien die schärfsten Umweltgesetze weltweit erlassen», klärt Trautmann mich auf. «Diese Welle wird uns hier in Deutschland auch erfassen. Auch wenn wir hier schon eine Menge für den Umweltschutz tun.» Da ist sich Trautmann sicher: «Es wird noch viele Produkte ähnlich wie Bionade geben, die der Konsument als selbstverständlich ansieht, obwohl oder gerade weil sie ökologisch und naturbelassen sind.» Ein Öko- oder Bio-Siegel allein reicht laut Trautmann den Lohas allerdings nicht. Das Engagement der entsprechenden Hersteller müsse ehrlich und nachvollziehbar sein, denn diese Zielgruppe sei zudem überdurchschnittlich gut gebildet. Firmen oder Produkte, die versuchen etwas vorzugeben, das sie nicht sind, haben Trautmanns Aussage nach keine Chance. Mich interessieren die Motive der Firmen. Was ist der tolle N-Bericht eines börsennotierten Unternehmens wert, das Zehntausende von Menschen auf die Straße setzt, nur um die Rendite von 20 auf 25 Prozent zu steigern? Und gibt es nicht genügend Firmen, die ihr ökologisches Bewusstsein nur deshalb an den Tag legen, um ihre Produkte zu verkaufen und nicht, weil sie es für ökologisch und/oder sozial für sinnvoll halten?. Ist das nicht moralisch verwerflich? Ich bekomme ein klares Nein von Trautmann zu hören. Und selbst wenn die Firmen aus falschen Beweggründen eine Öko-Politik einschlagen würden, sei das ja trotzdem wieder gut für die Umwelt, weil sich der Markt und die Aufmerksamkeit für umweltschonende Produkte vergrößern würde.

Diesen Markt hat es in der deutschen Automobilbranche bisher offenbar nicht gegeben. Die Autonation Nr. 1 hat es nicht geschafft, das Drei-Liter-Auto zu einem Erfolg werden zu lassen, vom Hybridauto, das sowohl einen klassischen Verbrennungsmotor als auch einen Elektromotor hat, ganz zu schweigen. Erst ein japanischer Automobilhersteller hat den Hybridantrieb salonfähig gemacht. Konnten BMW, VW, Mercedes & Co. das nicht, oder wollten sie es nicht, weil man mit Spritfressern viel mehr verdienen kann? «Man kann entwickeln und anbieten, aber wenn es keiner kauft, kann man nichts machen. Gerade der Volkswagen-Konzern hat mit VW und Audi eine Menge angeboten, aber sie sind zu früh dran gewesen.» Spricht da der ehemalige Audi-Mann? Dr. Trautmann war von 2002 bis

2004 für das internationale Marketing des Ingolstädter Auto-
herstellers zuständig und arbeitet auch heute noch für den
Konzern. «Na, klar ist Hybrid jetzt ein großes Thema, aber man
sollte sich das ganz genau angucken. Diese Fahrzeuge sind vor
allen Dingen etwas für Stadtfahrten oder Taxiunternehmen.
Sobald man damit auf die Autobahn fährt, schleppt der Wagen eine 400 kg schwere Batterie rum, und dann ist das Ganze
nämlich nicht mehr so gesund. Es wird zwar gerade sehr stark
gepusht, ist aber längst nicht ausgereift. Im Übrigen glaube
ich nicht, dass die deutschen Autohersteller das Öko-Thema
verschlafen haben. Da wird noch einiges kommen, da bin ich
mir sicher.»

«Bei allen Marketingmaßnahmen, gerade auch für die mit
ökologischer Komponente, gilt die Regel ‹Think, act, talk!›», erzählt Trautmann weiter. Viele Firmen versuchen, auf den Öko-
Zug aufzuspringen und ihren Produkten krampfhaft etwas
ökologisch Bewusstes zu verleihen – das kann nach hinten losgehen: «Ein Hersteller für Navigationsgeräte wollte seine Produkte einmal als Umweltschutzprodukte verkaufen, weil sie
ja den kürzesten Weg anweisen und so Sprit sparen. Das war
natürlich reichlich unüberlegt und kam gar nicht gut an.» Er
fährt fort: «Ich glaube aber, dass die meisten Firmen eine hohe
Glaubwürdigkeit haben und sich aus ehrlichen Motiven im sozialen oder ökologischen Bereich engagieren.» Er verweist auf
die aktuelle Nachfolgekampagne von «Du bist Deutschland!»,
die die Kinderfreundlichkeit in unserem Land befördern soll.
«Die Firmen, die uns dabei unterstützen, haben alle ein ehr-
liches Interesse, da die Entscheider in diesen Unternehmen ja
alle selbst Mütter oder Väter sind.» Für mich wirkt diese Aussage nach meinen Erfahrungen mit McDonald's und Vattenfall
zu naiv. Aber was habe ich auch erwartet, wenn ich mit einem
Fachmann einer Werbeagentur spreche? Wahrscheinlich muss

Trautmann so reden – wer schlägt schon gerne die Hand ab, die ihn nährt. Vielleicht ist er aber auch ein sehr harmoniebedürftiger Mensch. Sogar die Konkurrenz nimmt Trautmann in Schutz. Als ich ihn auf den Werbespruch «Geiz ist geil» anspreche und darauf hinweise, dass der ja nun alles andere als nachhaltig sei, erklärt er: «Diesen Spruch gibt es nicht mehr, weil er nun auch nicht mehr zeitgemäß ist. Die Agentur Jung von Matt hat ja dieses Phänomen nicht erfunden, sondern einfach nur sehr genau hingeschaut und ihm einen Namen gegeben. Die Marktforscher hatten damals ein Phänomen entdeckt, das sie ‹global cheap› genannt haben. Es gab damals eine Polarisierung zwischen ‹Billig› und ‹Premium›. Die beiden beliebtesten Marken in Deutschland waren eine ganze Zeit lang Aldi und Porsche. Mit dem Slogan ‹Geiz ist geil› haben Saturn und die Agentur dem Gefühl in Deutschland eine Begrifflichkeit gegeben. Das muss man nicht gut finden, aber wenn man dafür Saturn verantwortlich machen will, setzt man den Falschen auf die Anklagebank.» Gerade als ich mich auf weitere kuschelige Erklärungen von Herrn Dr. Trautmann zum Thema Verantwortung der Konzerne einstelle, schlägt er auch mal kritische Töne an, allerdings nicht gegenüber Firmen oder Mitbewerbern, sondern gegenüber der Politik: «Die Firmen handeln alle immer im Rahmen der vorgegebenen Gesetze. Man kann nicht alle Lidls und Schleckers schließen, nur weil sie billig sind und keine nachhaltigen Produkte verkaufen oder ihre Mitarbeiter nicht vernünftig bezahlen. Wenn sie die bestehenden Gesetze ausnutzen, kann man ihnen das nicht vorwerfen! Wenn sie nicht wollen, dass die Leute Spritfresser kaufen, die 20 oder 30 Liter verbrauchen, dann muss man doch nur die Gesetze dafür machen. Da schläft einfach die Politik.» Trautmann hat sich jetzt richtig in Rage geredet: «Was soll man beispielsweise davon halten, wenn europaweit das Rauchen gesetzlich eingeschränkt wird, die EU aber gleichzeitig den Anbau von Tabak subventioniert? Danach sollten Sie Frau Merkel mal fragen!» Das habe ich auf meiner Reise immer wieder gehört: Die Politik verschlafe einiges und erlasse zu lasche Gesetze. Aber steht nicht auch gerade die Wirtschaft in Verantwortung, zumal sie sonst ja sehr gerne auch ohne die Politik auskommt? Ist sie nicht sogar, vor allem im Zuge der Globalisierung, die mächtigere Kraft, die die Politik immer mehr kontrolliert und sich politische Entscheidungen, ob legal oder illegal, kauft?

Ich erinnere mich an einen Besuch des CDU-Parteitags 2007 in Hannover, wo ich für Extra 3 gedreht habe. Bevor man in den eigentlichen Sitzungssaal reinkam, musste man an Dutzenden von Werbeständen vorbei – allesamt von Firmen aus der Autoindustrie, der Zigarettenbranche oder der Medizin betrieben. Irgendwie fand ich das seltsam. Genauso wie die Tatsache, dass viele Minister wie Clement, Müller oder der ehemalige Bundeskanzler Schröder nach ihrer Bundesamtskarriere in den weichen Schoß der Industrie fallen – nicht zuletzt, weil sie schon während ihrer Amtszeit die Nähe zur Industrie gesucht haben.

Zum Abschluss will ich von Trautmann wissen, ob man nicht nach der Werbung für mehr Nationalbewusstsein oder für mehr Kinder auch eine Kampagne für Zukunftsfähigkeit entwickeln könnte. «Sicher ist das ein wichtiges Thema. Das kann ich mir sehr gut vorstellen, aber da warten auch noch Themen wie Eigenverantwortung, Alter und Integration. Leider habe ich das nicht zu bestimmen, was wir als Nächstes als Kampagne gestalten. Dennoch: Wichtig ist das Thema Nachhaltigkeit natürlich schon!» Wie nicht anders zu erwarten, schließt Dr. Trautmann mit versöhnlichen Worten. Allerdings hat er das spannende Thema Eigenverantwortung angesprochen, auf das ich nicht mehr eingehen konnte. Dabei ist es ein wichtiges Schlagwort: Wir müssen als Bürger das Heft in die Hand nehmen und können uns nicht auf die Politik, den Staat oder die Wirtschaft verlassen. Ich fühle mich bestätigt und steige nachdenklich in den Fahrstuhl, der mich in die Hamburger City entlässt. Gedankenverloren trotte ich in Richtung Alster, da werde ich von einer jungen Dame angesprochen: «Haben Sie Lust, an einer Marktforschung teilzunehmen? Es geht um Ihr Umweltbewusstsein und Ihr Konsumverhalten.» Nein, habe ich nicht, denn darüber habe ich jetzt eine Stunde lang genug gehört und brauche jetzt dringend eine Atempause am Wasser …

BESSERWISSERBOYKASTEN

Alles so einfach

Wir müssen neben der Industrie auch die Politiker zum Umdenken zwingen. Doch zuallererst sind wir selbst dran. Eigenverantwortung heißt das Stichwort!

Anneliese Schmidt erklärt

Gehören Sie auch der Gruppe der Lohas an und richten Ihre Lebensweise auf Gesundheit und Zukunftsfähigkeit aus? Dann gehören Sie zu einer stetig wachsenden Konsumentengruppe, die bereits 15 Prozent des Marktes ausmacht. Sie sind nicht nur in Bio-Supermärkten oder auf dem Öko-Wochenmarkt anzutreffen, sondern fahren Hybridautos, deren Nutzen allerdings noch umstritten ist. Ihr Lieblingsgetränk ist Bionade, sie meiden Fastfood-Ketten oder Textil-Discounter. Eher schon tragen sie echte Öko-Jeans und trinken ausschließlich Fairtrade-Kaffee. Allein die deutschen Bio-

Supermärkte konnten 2007 ihren Umsatz um gut 15 Prozent auf über 5 Milliarden steigern.

Baby ich tu's

Bekennen Sie sich zu den Lohas und versuchen Sie, so gut wie möglich deren Konsumgrundsätze zu achten. Wenn es für eine teurere Bio-Limonade nicht reicht, trinken Sie Wasser aus Deutschland und verzichten Sie auf Cola oder Wasser von den Fidschi-Inseln. Essen Sie Obst und Gemüse aus dem eigenen Bundesland und unterstützen Sie den Erzeuger landwirtschaftlicher Produkte bei Ihnen um die Ecke. Achten Sie auf Lebensmittel der Saison – müssen es wirklich Erdbeeren im Winter sein?

Paul surft

www.lohas.de
www.utopia.de
www.ivyworld.de

Ich sitze im Zug zurück nach Berlin und fühle mich gar nicht gut. Ich fühle mich vielmehr krank: Durch die Nase bekomme ich keine Luft mehr, die Glieder schmerzen, mein Hals ist leicht angeschwollen. Na, prima. Hat mich da etwa Imbissbudenbesitzer Bülent angesteckt? Verflucht sei mein Döner-Praktikum, allerdings hätte meine aufkommende Grippe eine Inkubationszeit von 20 Tagen. Wie auch immer, ich bin zum Glück ein kleiner Hypochonder und habe die passenden Medikamente zur Symptombekämpfung einer Grippe im Anfangsstadium immer in der kleinen Vordertasche meines Rucksacks dabei. Ich bin meine eigene Apotheke. Also krame ich Kopfschmerztabletten, Nasentropfen und Halslutschbonbons hervor und nehme je die stärkste Dosis. Eine Zugstunde später geht es mir dann tatsächlich schon besser, und ich blicke voller Zuversicht auf die heutige Aufgabe: ein Treffen mit meinem guten Kumpel in Berlin-Lichtenberg.

Mein Kumpel heißt Marc Ludwig. Er ist 22 Jahre alt und war schon immer sozial engagiert. Angefangen hat alles ganz schlicht, in der siebten Klasse im Rosa-Luxemburg-Gymnasium in Berlin. Im Unterricht waren Menschenrechte Thema, und als eine Organisation, die sich weltweit für die Wahrung von Menschenrechten einsetzt, wurde amnesty international vorgestellt. Die Schulklasse besuchte das Berliner amnesty-Büro und durfte an einer Petition mitschreiben, in der sich die Menschenrechtler für drei Jugendliche in der Militärdiktatur Myanmar (Birma) einsetzten, die dort für bessere Schulbildung protestiert hatten und deshalb verhaftet worden waren. Einer der Schüler, die bei dem amnesty-Vortrag zugehört hatten, war Marc Ludwig. Der damals 15-Jährige konnte nicht glauben, was auf der Welt so vor sich geht, wie Menschenrechte mit Füßen getreten werden. Also wurde er aktiv, gründete gemeinsam mit Freunden an seiner Schule einen Arbeitskreis, um Unterschriften für die amnesty-Petition zu sammeln und Appellbriefe zu verfassen. Dafür wurde ihm sogar der Rosa-Luxemburg-Preis für ehrenamtliches Engagement verliehen. Wenig später wurde er ehrenamtlicher Jugendreferent bei amnesty und fuhr als Jugenddelegierter der deutschen Sektion zur internationalen Ratstagung der Menschenrechtsorganisation nach Mexiko. Zusätzlich drehte er einen Kinospot, der junge Menschen dazu anstoßen soll, aktiv zu werden für ihre Rechte und für die Menschenrechte allgemein.

So besonders Marc immer war, eines hat er heute mit hunderttausenden anderen jungen Menschen gemeinsam: Er ist arbeitslos. Die Arbeitslosenquote bei unter 25-Jährigen liegt bundesweit bei 15 Prozent, und damit über der Quote der Gesamtarbeitslosen. Tendenz steigend! Jeder Zehnte hat also keinen Job, von einer vernünftigen Ausbildung ganz zu schweigen. Gute Lösungen aus der Politik sind Mangelware, und Versprechen aus der Wirtschaft, mehr Lehrstellen zu schaffen, stellen sich immer wieder als heiße Luft heraus, da der Lehrstellenbestand von Jahr zu Jahr weiter sinkt.

Marcs größter Wunsch ist es, soziale Arbeit zu studieren. Kann er aber nicht, da er beim Abitur durch die Matheprüfung gefallen ist und somit nur die Fachhochschulreife besitzt. Um die Chance auf ein Studium aufrechtzuerhalten, braucht er dringend einen Ausbildungsplatz. Hunderte Absagen hat er bereits fein säuberlich in seinem Aktenordner abgeheftet. Seine letzte Chance ist der Gang zum Arbeitsamt, das jetzt neumodisch «Jobcenter» heißt. Und bei diesem Besuch möchte ich ihn begleiten.

Marc ist seit Juni 2007 arbeitslos gemeldet und bezieht seit Anfang August 2007 Hartz IV. Allerdings nur 75 Euro für einen Wohnungszuschlag, da er seit Mitte August einen Job im Callcenter hat, der ihm vom Arbeitsamt vermittelt worden ist. Er musste ihn annehmen, da das Arbeitsamt mit der Kürzung von Hartz IV drohte. Jetzt arbeitet Marc 40 Stunden in der Woche und bekommt dafür ein Monatsgehalt von 880 Euro. Rechnet man den üblichen Hartz-IV-Satz von 340 Euro ab, den Marc wegen seines Jobs nicht erhält, kommt man auf 540 Euro monatlich, die er mit seiner harten Arbeit verdient. Das entspricht einem Stundenlohn von ungefähr 3,30 Euro. Der Chef des Deutschen Gewerkschaftsbunds, Michael Sommer, der als oberster Vertreter der Arbeitnehmerinteressen einen Mindestlohn von 7,50 Euro fordert, würde weinen. «Ich habe mich mittlerweile daran gewöhnt, dass mein Konto immer im Minus ist. Was mir wirklich wichtig ist, ist der Ausbildungsplatz. Und dafür bräuchte ich dringend eine Ausbildungsberatung», erklärt mir Marc. Diese Ausbildungsberatung ist Teil der Berufsberatung, die das Jobcenter eigentlich jedem innerhalb von vierzehn Tagen anbieten muss, nachdem er sich arbeitslos gemeldet hat. Marc wartet darauf inzwischen schon seit über zwei Monaten. Heute Morgen hat er erneut beim Jobcenter angerufen, und diesmal hat man ihm mitgeteilt, dass er am Nachmittag ruhig persönlich vorbeikommen könne. «Sie haben mir versprochen, dass ich heute meine Ausbildungsberatung bekomme», freut sich Marc.

Wir betreten also das Gebäude des Jobcenters Berlin-Lichtenberg und reihen uns in die Schlange der Wartenden ein. Vor uns stehen ca. dreißig Menschen, hauptsächlich junge Erwachsene zwischen 20 und 30.

Es geht recht zügig voran. Wenn das grüne Licht eines Schalters blinkt, darf der Nächste nach vorne zum Tresen treten. Grün wie die Hoffnung, die aus den wartenden Gesichtern allerdings vollständig verschwunden ist. Grünes Licht für uns. Ein älterer Mann hört sich aufmerksam Marcs Schilderung an. Marc muss seinen Ausweis und die vorherigen Unterlagen des Jobcenters zeigen. Dann starrt der Mann fünf Minuten, ohne etwas zu sagen, in den Computerbildschirm und sagt schließlich: «Ich leite Sie weiter an Frau Ricks.» Frau Ricks ist aber natürlich nicht die Dame, die für die Ausbildungsberatung zuständig ist, sondern lediglich eine weitere Vorstufe zu unserem Ziel. Wir gehen durch eine Glastür und warten weitere zwanzig Minuten. «Herr Ludwig, Herr Ludwig bitte zur Nr. 1!» Endlich, wir dürfen zum Schreibtisch Nr. 1 von Frau Ricks. Die Dame ist seit der Gründung der Jobcenter in der ersten Jahreshälfte 2005 dabei und dürfte nicht älter als ich sein. Sie trägt einen zu engen rosa Pulli, auf dessen flauschiger Rückseite ein Herz eingestickt ist. Auf dem Schreibtisch steht ein großes Bild mit spielenden Katzen. Eine Frau mit Geschmack. An der Trennwand hängt eine Laubsägearbeit: ein lachender Engel. Ich frage, warum sie denn für ihren Schreibtischjob einen Schutzengel benötige. «Ich wurde schon mit Schreibtischstühlen beworfen. Seitdem haben wir einen Security-Service», sagt die rosa Katzenfreundin. Bevor wir mit Stühlen um uns schmeißen, setzen wir auf friedliche Kommunikation. «Ich möchte endlich einen Beratungstermin, der mir hilft, den passenden Ausbildungsplatz zu finden», wiederholt sich Marc. Frau Ricks lauscht seiner Geschichte und verschwindet wie der ältere Herr hinter dem Computerbildschirm. «Aha. Da habe ich die Erklärung für Ihr Problem gefunden», ruft Frau Ricks plötzlich. Sie erklärt uns mit ihrem kühlen Charme, dass der Computer seit der Vermittlung des Callcenter-Angebots den Vermerk «arbeitslos» und damit auch die Berufsberatungsanfrage von Marc gelöscht habe. Kein Wunder, dass Marc keine Reaktion mehr bekam. «Das passiert öfter», lautet ihre knappe Erklärung. Marc wird sauer. Er fragt, warum er nicht informiert worden sei. «Sie hätten doch anrufen können», kontert Frau Ricks. Schlechtes Argument, da Marc genau dies jede Woche getan hatte. Aber heute hat er ja telefonisch endlich einen Termin zugesichert bekommen. Frau Ricks schaut verwundert. Folgender Dialog spielt sich nun – von mir ungekürzt – vor meinen Augen ab: Es ist eine wunderbare Theaterszene, und deshalb hab ich sie genau so aufgeschrieben (plus Regieanweisungen zum Nachspielen).

Ricks (sehr kühl): «Nein, das kann nicht sein. In meinem Computer ist nichts vermerkt.»

Marc (emotional): «Es wurde mir aber telefonisch versprochen.»

Ricks (immer kühler): «Wie gesagt: Kann nicht sein.»

Marc (sich noch im Griff habend): «Doch. Wer ist denn für meine Beratung verantwortlich? Können Sie da nicht mal anrufen?»

Ricks (erklärend): «Frau Kramp ist für Sie verantwortlich. Und den frühesten Termin kann sie Ihnen in zwei Wochen geben, um 11 Uhr morgens.»

Marc (ungeduldig): «Da muss ich doch im Callcenter arbeiten. Das ist der Job, den Sie mir vermittelt haben. Wenn ich mir da jetzt frei nehmen muss, kürzen die mein Gehalt. Wie sieht's denn mit einem Termin am späten Nachmittag aus?»

Ricks (knallhart): «In diesem Jahr seh ich da keinen Termin.»

Marc (freundlich bittend): «Können Sie Frau Kramp nicht jetzt kurz anrufen? Vielleicht klappt es doch noch heute?»

Ricks (jetzt wird auch sie langsam sauer): «Keine Chance! Ich mache mich doch nicht zum Kloß!»

Marc (laut): «Keine Chance? Ich warte seit Monaten!»

Ricks (plötzlich versöhnlich): «Na ja, ich könnte ja mal kurz durchklingeln.»

Kurze Telefonpause, fünf Sekunden später –

Ricks (wieder sehr kühl): «Nicht da, die hat flexible Arbeitszeit.»

Marc (ungläubig): «Aber es ist doch erst 16 Uhr! Vielleicht könnten wir ja einen Termin vor meiner Arbeit machen? Sie haben doch ab 8 Uhr auf.»

Ricks (kompromissbereit): «Moment, ich schau mal im Computer. Nein, Frau Kramp macht erst Termine ab 10 Uhr. Flexible Arbeitszeit!»

Marc (fassungslos): «Und sie ist die Einzige, die für mich verantwortlich ist? Gibt es keinen anderen, der das kann?»

Ricks (kalt): «Nein. Nur Frau Kramp ist für L wie Ludwig zuständig.»

Marc (flehend): «Können Sie ihr nicht jetzt eine Mail schreiben, damit sie weiß, dass es dringend ist? Vielleicht bekomme ich dann einen schnelleren Termin.»

Ricks (kühl): «Ja, das könnte ich. Sie wird die Mail aber wahrscheinlich nicht lesen.»

Marc (völlig fassungslos): «Sie wird sie nicht lesen? Warum das denn nicht?»

Ricks (erklärend): «Sie bekommt ja sehr viele Mails. Das müssen Sie verstehen. Da kann man nicht alle lesen.»

Marc (wütend) schnappt sich einen Stuhl und wirft ihn in Richtung Frau Ricks.

Bis auf das Stuhlwerfen ist alles genau so passiert. Für mich nur kurzweilige Realsatire, für viele Arbeitssuchende jedoch ein trauriger Dauerzustand, der sie zu Recht an der Bürokratie und Ineffizienz der Jobcenter verzweifeln lässt.

Das heutige Ergebnis lautet: Marc bekommt seinen Beratungstermin erst in vierzehn Tagen und muss dafür eine Gehaltskürzung in Kauf nehmen. Und ich hoffe, solch ein Jobcenter nie wieder betreten zu müssen, und freue mich auf eine erneute Dosis Kopfschmerztabletten. Die habe ich mir mehr als verdient.

BESSERWISSERBOYKASTEN

Alles so einfach

Wohl jeder, der einen Job hat, hat ihn auch schon einmal verflucht. Sollte ich irgendwann mal wieder auch nur kurz an der Richtigkeit meiner Berufswahl zweifeln, werde ich mich an meinen Tag im Jobcenter erinnern und froh sein, dass ich dort nur zu Recherchezwecken war.

Anneliese Schmidt erklärt

Laut Statistischem Bundesamt waren 2007 durchschnittlich 3½ Millionen Menschen in Deutschland arbeitslos. Bei der Jugendarbeitslosigkeit (14- bis 24-Jährige) lag Deutschland 2007 auf Platz 8 der Industrieländer (insgesamt 21) mit einem Anteil an arbeitslosen Jugendlichen von 10,6 Prozent, das sind mehr als eine halbe Million junger Menschen.

Baby ich tu's

Um Zeit zu überbrücken: Engagieren Sie sich ehrenamtlich oder machen Sie ein Freiwilliges Soziales Jahr (FSJ). Einrichtungen, die so ein FSJ anbieten, sind zum Beispiel die

Johanniter, die Malteser, diverse Gemeindejugendpflegen sowie kirchliche Einrichtungen. Auch hier kriegt man Einblicke in die Berufswelt und tut zudem etwas Sinnvolles. Teilweise stellen diese Einrichtungen auch ein Taschengeld und eine Unterkunft zur Verfügung.

Paul surft

www.aubi-plus.de

www.ihk-lehrstellenboerse.de

www.arbeitsagentur.de

Heute ist alles anders. Diesmal kommt mein Termin zu mir. «Deutschlands jüngster Akademiker» kommt aus den USA extra zu mir nach Kreuzberg. Okay, ein wenig übertrieben ist das an dieser Stelle schon, aber Aaron Voloj Dessauer, so heißt der jüngste Akademiker unseres schönen Landes, wäre eh in seiner Heimat Münster gelandet, aber aufgrund meiner Anfrage macht er den nicht ganz geringen Umweg über Kreuzberg, um mit mir mal das deutsche Bildungssystem unter die Lupe zu nehmen. Kennengelernt habe ich Aaron auf einer Festveranstaltung 2006 in Berlin, wo er als einer von 100 deutschen Köpfen unter 40 Jahren ausgezeichnet wurde, von denen eine Jury um BamS-Chef Claus Strunz und Musik-Manager Tim Renner annahm, dass noch Großes von ihnen zu erwarten sein dürfte. Neben Aaron wurden Sportler wie Fabian Hambüchen oder die Schauspielerin Julia Jentsch ausgezeichnet. Dass sich dieser talentierte und prämierte Mensch auf den Weg zu mir macht, ist deshalb nicht selbstverständlich. Einziges Problem: Ich muss jetzt innerhalb von zwei Stunden schleunigst von Hamburg nach Berlin fahren, damit ich Aaron nicht verpasse. Während der Fahrt wollte ich mir schon mal meine Fragen ordnen, wie zum Beispiel, warum er in den USA und nicht in Deutschland studiert, wie er seine akademische Laufbahn hier empfunden hat bzw. ob diese gefördert wurde, aber auch, ob die deutsche Bildung wirklich so für die Katz ist, wie oft behauptet wird.

Ich schaue noch einmal durch meine Unterlagen mit den

Hintergrundinformationen zu Aaron. Er ist in Münster als jüngstes von drei Kindern deutsch-kolumbianischer Eltern geboren und aufgewachsen. Viele Jugendliche langweilen sich in der Schule, aber nur wenige gehen damit so konstruktiv um wie Aaron. Er studierte neben der Schule an der Uni Münster Philosophie, Soziologie und Evangelische Theologie. Während seine Mitschüler fürs Abitur büffelten, schloss er mit gerade mal 19 Jahren sein Studium mit Bestnote ab. Zurzeit forscht Aaron für seine Promotion in Harvard. Sein Mentor: Staranwalt Prof. Alan Dershowitz, der Klienten wie O.J. Simpson und Mike Tyson vertritt. Aarons Traum ist es, Rechtsprofessor und selbst Anwalt zu werden.

Mit dieser Biographie ist Aaron natürlich ein extrem außergewöhnlicher Bursche und der perfekte Gesprächspartner für das Thema Bildung. «Bildung ist ganz wichtig. Dafür wollen wir uns einsetzen», lautet eine der gebräuchlichsten Politiker-Floskeln, gleich nach dem Wort mit N, Sie wissen schon. Hat sich denn, besonders nach dem Pisa-Schock, bei dem die deutschen Schüler und unser Bildungssystem auf dem viertletzten Platz im internationalen Vergleich gelandet sind, etwas an diesem Bildungssystem geändert? Natürlich nicht. Unser System bleibt ineffizient und das ungerechteste in ganz Europa. 83 von 100 Akademikerkindern studieren nach ihrer abgeschlossenen Hochschulreife. Im Vergleich dazu sind es aber nur 23 von 100 Arbeiterkindern, die die Uni letztlich von innen sehen. Der Rest hat selbst mit einem Realschulabschluss große Probleme, einen Ausbildungsplatz zu bekommen – wenn er nicht eh auf der Hauptschule und anschließend in der Sozialhilfe landet. Wozu das Abitur machen, wenn man sich ein Studium und die dazugehörigen Studiengebühren nicht leisten kann?

«Wir brauchen einfach Idioten, sonst frisst keiner das Gammelfleisch» – das wäre mal eine ehrliche Aussage von einem

Politiker, der an der Hauptschule festhalten will. Ich möchte von Aaron wissen, was er zu diesen Punkten zu sagen hat, zumal er das deutsche Schulsystem mit dem amerikanischen vergleichen kann.

Im ICE scheint alles wie immer zu sein, nur etwas ist seltsam: Die schlecht gelaunten Anzugträger sitzen mit mir zusammen in der zweiten Klasse. Merkwürdig, warum verschwinden die mit ihren Bluetooth-Handys, Wireless-Laptops und BlackBerrys nicht in die erste? Mein Toilettengang sollte dieses Rätsel lösen. «Was wollen Sie hier?», fragt mich ein ganz in Blau gekleideter, gefühlt zwei Meter breiter Schrank von einem Kerl, der den Gang versperrt. «Sind Sie der neue Toilettentürsteher?», entgegne ich ihm verwundert. Die Miene meines Gesprächspartners verfinstert sich. «Lustig, lustig, mein Junge. Und jetzt bitte ich dich schleunigst zu verschwinden», brummt der äußerst sympathische Gorilla. «Entschuldigung, aber ich besitze ein Bahnticket wie Sie. Wenn Sie überhaupt eins haben ...», lautet meine zugegebenermaßen etwas patzige Antwort. «Freundchen, jetzt pass mal auf: Hier ist der Übergang zum Erster-Klasse-Wagen, und ab hier ist alles dicht, da die Mannschaft von Hertha BSC das komplette Abteil gemietet hat. Die sitzen da vorne, hatten eben ein Auswärtsspiel und wollen nicht gestört werden.» Das ist also des Rätsels Lösung. Da haben also die feinen Herren Fußballer ganz andere Privilegien als der normale Bahnfahrer. Ich verstehe allerdings immer noch nicht, warum deshalb ein Klo, das sich auf dem Gang zwischen zwei Abteilen befindet, nun plötzlich gesperrt sein soll. Also weiter mit der lustigen Gorilla-Provokation: «Ich wusste gar nicht, dass Berlin auch einen Fußballverein hat. Wenn die endlich erfolgreicher spielen würden, würde man die auch kennen. Würden Sie denn jetzt ein Stück zur Seite gehen und den Weg zum Klo freimachen? Oder ist die Klobrille exklusiv für Fußball-Ärsche?» Ein Spruch zu viel. Ein zweiter Gorilla taucht auf und stellt sich vor Gorilla eins. Ich erinnere mich an die Zeit, als ich mit 18 verzweifelt versuchte, in meiner Geburtsstadt Köln in angesagte Clubs zu kommen. Diskutieren mit dem Türsteher war immer zwecklos. So etwas wie Argumente verstehen die nicht. «Nein» bleibt «Nein». Zumindest so lange, bis die Löcher in der Hose, die blondierte Punkfrisur und die Turnschuhe verschwinden. Geblieben sind bis heute die Turnschuhe, aber ich empfinde es trotzdem als kleine Frechheit, dass Herr Mehdorn Fußballern komplette Abteile überlässt, inklusive VIP-Toiletten. Ich kapituliere und versuche mein Glück in der anderen Richtung. Das hätte ich zwar schon früher machen können, aber hier ging es ums Prinzip. Kein Bahnkunde, der für eh schon überteuerte Tickets sein Geld ausgeben musste, sollte gleicher sein als die anderen. Punkt. Als ich am Berliner Hauptbahnhof aussteige, grüßt mich Hertha-Kapitän Arne Friedrich freundlich, ansonsten sieht er aber alles andere als glücklich aus. Ein einsamer Hertha-Fan schreit am Bahngleis: «Warum müsst ihr auswärts immer verlieren? Schande über euch!»

Meine Laune steigert sich spürbar. Rache ist ein Gericht, das man am besten kalt serviert.

Ich versuche mich zu beeilen, denn ich will Aaron nicht in Kreuzberg warten lassen. Wie bestellt sitzt Aaron bereits am Tisch eines kleinen, charmanten thailändischen Restaurants, nur einen Block von meiner Haustür entfernt. Es ist mir ein bisschen unangenehm, dass ich schon wieder zu spät komme, aber Aaron ist gut gelaunt und verzeiht mir meine genau 17 Minuten und 38 Sekunden. Ich bestelle gebratenen Curry-Tofu, Aaron nur eine Suppe. Zu Anfang möchte ich von ihm wissen, wie er seine Schulzeit erlebt hat. Aaron redet gleich Klartext: «Die Regel war, dass ich nicht gefördert wurde, dass ich mit meinen ständigen Fragen und Zweifeln meine teilweise ignoranten Lehrer genervt habe, und dass ich aufgrund meines parallelen Studiums an der Uni diskriminiert wurde. Einige Lehrer dachten, ich nähme ihren Unterricht nicht ernst, wenn ich nebenbei studieren würde. Das war auch teilweise richtig: dass ich ihren Unterricht nicht ernst genommen habe, lag jedoch nicht an der mangelnden Zeit, die ich durch den Besuch der Uni hatte, sondern daran, dass ich durch die Uni erst sah, wie ignorant und inkompetent meine Lehrer waren.» Aaron beginnt zu schwärmen: «An der Uni war das anders. Dort wird nämlich eine andere Art von Intelligenz geschätzt: die Fähigkeit, die richtigen Fragen zu stellen. Weiterführendes Wissen und die Erörterung von tiefgründigen Fragen sind an der Uni nicht Ablenkung, sondern ein in sich wertvolles Ziel.» Und schon hat er seine Suppe ausgeschlürft. Aaron ist ein echt freundlicher Kerl, der aber gerne in verschachtelten Sätzen spricht. Etwas anstrengend. Dabei muss er mir doch nicht beweisen, was für ein schlauer Bursche er ist. Vielleicht hat sein Verhalten etwas mit Unsicherheit zu tun, vermute ich erst, aber dafür ist Aarons Auftreten insgesamt einfach zu selbstsicher. Sollte das nur Fassade sein, macht er es gut. Er hat etwas von meinem guten Freund Thilo, denke ich mir im Stillen. Etwas zu kurz geraten, dafür aber großes Herz und leider viel schlauer als ich. Ich kann mir gut vorstellen, dass die Schulzeit für Aaron abseits der Noten nicht einfach gewesen sein muss. Streber haben es nie leicht. Als ich Aaron ehrlich darauf anspreche, wird er plötzlich sehr nachdenklich und sagt nur einen Satz. «Ich habe mir manchmal überlegt, ob ich nicht ein wenig zu hart gearbeitet habe.» Eine erstaunliche Selbsterkenntnis für einen so ehrgeizigen und noch jungen Menschen. Aaron schaut mich schweigend an. Ich weiß in diesem Moment selbst nicht, was ich antworten soll, und so warte ich ab, ob Aaron sich noch ein bisschen mehr öffnet. Er macht es tatsächlich. «Als ich die

11. Klasse übersprungen habe – als einziger Schüler auf der ganzen Schule –, hat mich das schon in eine merkwürdige Lage versetzt. Sitzenzubleiben ist schließlich sozial akzeptiert an deutschen Schulen, zu überspringen jedoch nicht.» Da hat Aaron recht. Auch ich hatte in meiner Klasse einen Überspringer, der von allen gemieden und auf keine Partys eingeladen wurde. Die Cliquen hatten sich vor seinem Überspringen bereits gebildet, und keiner gab ihm die Chance, sich zu integrieren. Jugendliche können ganz schöne Misanthropen sein. Das galt natürlich auch für mich. «Es wäre schön gewesen, wenn ich nicht das Gefühl gehabt hätte, ein Sonderling zu sein, wenn die externen Bedingungen unseres Bildungssystems und der Gesellschaft, in der wir leben, anders wären. Wäre ich in Amerika in einer High School oder in einem College gewesen, wäre ich bestimmt integrierter gewesen, aber es ist fraglich, ob ich die gleichen Leistungen erbracht hätte: Abgrenzung treibt einen ja auch an. Ich hätte wohl das bisschen mehr Integration gegen das Mehr an Leistungen eingetauscht, aber dafür ist es nun wohl zu spät. Dieser Zug ist abgefahren», ergänzt Aaron. Er möchte aber auf keinen Fall als der einsame, sozial zurückgebliebene Nerd dastehen. «An der Uni habe ich enge Freundschaften geschlossen, die bis heute noch anhalten», bekräftigt Aaron, gibt aber zu, dass er aus Angst vor Abweisung zunächst nicht erzählt habe, dass er erst 16 Jahre alt sei. Da muss die Angst aber wirklich groß gewesen sein. Gerade deshalb schätzt Aaron das Leben und Streben in den USA, denn dort läuft es seiner Erfahrung nach wirklich anders: Leistungen werden anerkannt und respektiert. Und wer gut in der Schule ist, ist nicht notwendigerweise unbeliebt. Aaron beschreibt es so: «Der Quarterback und der Klassenbeste kann dieselbe Person sein. Eine gute schulische Leistung und soziale Integration stehen nicht im Widerspruch.» Das hat aber laut Aaron nicht nur mit

der amerikanischen Mentalität zu tun, sondern mit dem gesamten Bildungssystem. «In den USA gibt es viel mehr Möglichkeiten für akademisch interessierte Kinder. Wer zu Schulzeiten mehr lernen will, geht auf eine Summer School oder besucht Kurse an der Uni; aber das passiert nicht alleine, sondern immer mit anderen. Insofern kommt es erst gar nicht zu dieser Sonderstellung, in der sich Menschen wie ich in Deutschland immer wieder befinden. Dass es in Deutschland anders ist, ist recht schade», vergleicht er.

Wir sind also mitten in der Bildungssystemdiskussion, in der es unter anderem darum geht, ob die Schulzeit von 13 auf 12 Jahre für Gymnasiasten verkürzt werden soll, damit man im internationalen Vergleich altersmäßig nicht hinterherhinkt und konkurrenzfähig bleibt. Ebenfalls wird darüber debattiert, die unterschiedlichen Schulformen aufzulösen, damit mehr Chancengleichheit entsteht und die Starken den Schwachen helfen können.

Aaron bestellt eine weitere Suppe, und ich bereite mich auf erneutes Schlürfen seinerseits vor. Bevor das startet, möchte ich von Aaron wissen, was im deutschen Bildungssystem falsch läuft und was er konkret ändern würde. Er bringt genau die aktuelle Debatte ins Gespräch: «Ich halte die frühe Ausselektierung in der vierten Klasse für einen Fehler. Vielleicht ist auch die Differenzierung in Gymnasium, Realschule und Hauptschule überdenkenswert. Es wäre besser, die Schullaufbahn eher nach Kursen zu gliedern, wie das amerikanische Schulsystem, wo Schüler gemäß ihren Fähigkeiten schneller ihren Abschluss machen können. Ich selbst habe in meiner Schulzeit extrem wenig gelernt, und dass ich als 16-Jähriger Hauptseminarscheine kriegen konnte, zeigt doch, wie überflüssig das Abitur ist», antwortet Aaron und erklärt, warum das Abitur seiner Meinung nach an Wert verloren habe: «Es machen zu viele das Abitur und zu viele studieren, was dazu führt, dass Schul- und Uniabschlüsse an Wert verlieren. Nicht jeder sollte ein Abitur haben und nicht jeder sollte studieren. Viele haben nicht die geistigen Fähigkeiten dazu.» Eine knallharte neoliberale Aussage. Guido Westerwelle würde Aaron wahrscheinlich jetzt vor Freude fest drücken. Da merkt man doch, wie sehr Aaron schon zu einem kleinen Amerikaner mutiert ist, denn diese Form der Leistungsgesellschaft ist bei uns definitiv nicht durchsetzbar. Allein das Wort «Elite» hat schon eine negative Konnotation in Deutschland. Ich selbst bin auch jemand, dem es zutiefst suspekt ist, Menschen nur nach ihrer Leistung und reinen Intelligenz zu beurteilen. So richtig Aarons Aussagen sein mögen, es steckt eine Menge Kälte darin. Aaron kommt aber jetzt erst richtig in Fahrt: «An der Uni setzt sich das Problem fort: viel zu viele Studenten, die nicht qualifiziert sind und das Gut ‹Bildung› entwerten. Professoren haben bei den Massen an Studenten keine Möglichkeit, Studenten individuell zu fördern. Innerhalb der Studentenschaft ist es schwierig, anregende Diskussionen zu führen, da auch viele studieren, die kein wirkliches Interesse am Stoff haben. Und die Unis sind restlos überlastet und unterfinanziert.» Bevor Aaron die in Harvard üblichen 40 000 Dollar Studiengebühren auch für deutsche Studenten fordern könnte, unterbricht ihn die zweite Suppe. Glück gehabt, Zeit für eine kurze Verschnauf- bzw. Schlürfpause, um das Gesagte zu überdenken. Aaron hat durchaus den Kern der Problematik des deutschen Bildungssystems erkannt. Seine Vorschläge würden es viel effizienter machen, aber seine soziale Ungerechtigkeit die Situation weiter verschlechtern. Wer durch sein familiäres Umfeld nicht schon früh unterstützt und gefördert würde, wer nicht genügend Geld für eventuellen Zusatzunterricht und die nötigen Studiengebühren hätte, würde auf der Strecke bleiben. Die kleine

Suppenschüssel ist leer. Ich teile Aaron meine Bedenken mit. Er kontert mit seinem eigenen Lebenslauf und räumt mit dem Mythos der Elite-Universität Harvard auf: «Ich komme aus dem klassischen Mittelstand: Meine Mutter ist Lehrerin, mein Vater hat in der Bank gearbeitet. Ohne ein Stipendium hätte ich nie Harvard besuchen können. Und genau das ist der Punkt: Niemand wird abgelehnt, weil er sich Harvard nicht leisten kann. Genauso wenig wird jemand aufgenommen, nur weil er Geld hat. Viele der Studenten kommen aus mittelständischen Familien, was man daran sehen kann, dass die Mehrheit der Studenten ‹financial aid› von der Uni bekommen.» Ein guter Punkt, der mich selbst überrascht. Die Kehrseite von Harvard ist natürlich das knallharte, leistungsorientierte Auswahlverfahren. Es orientiert sich zwar nicht an dem sozialen Hintergrund der Bewerber, sorgt aber dafür, dass nur die Besten der Besten durchkommen. Gut für die Talente und Genies, die individuell gefördert werden können, schlecht für die, deren Ergebnisse nicht ganz so perfekt sind und die dementsprechend durchs Raster fallen. Trotzdem kann es nicht sein, dass Deutschland sich nicht traut, Menschen mit besonderen Fähigkeiten besonders zu fördern. Es ist traurig, wenn so talentierte und wissbegierige Menschen wie Aaron regelrecht aus Deutschland flüchten und Sätze sagen wie: «Ich würde meine Kinder wahrscheinlich nicht in Deutschland auf die Schule schicken, sondern vielmehr auf eine sehr gute Privatschule in den USA.» Genau das hat Aaron mir gestanden, und ich kann ihn gut verstehen. Man müsste es irgendwie schaffen, die Ideen von Aaron mit einer größeren sozialen Gerechtigkeit zu verknüpfen, um anschließend unser Bildungssystem zu reformieren. Diese Gedanken schießen mir durch den Kopf und geben mir keine Ruhe. Ich möchte definitiv keine amerikanischen Verhältnisse schaffen, aber es kann eben nicht sein, dass Menschen wie

Aaron ihre Zukunft aufgrund der Zustände des Systems nicht in Deutschland sehen. Und er ist ja nur ein Beispiel von vielen. Wie viele begabte Schüler sitzen in deutschen Schulklassen und fühlen sich nicht richtig gefördert oder gefordert, sehen zu wenige Perspektiven?

An dieser Stelle verrät mir Aaron seine Zukunftspläne: «Ich würde gerne Juraprofessor und Anwalt in New York sein. Durch mein garantiertes Einkommen als Professor hätte ich den Luxus, Fälle nicht nach Bezahlung auszusuchen, sondern nach reinem Interesse.» Ich frage Aaron, ob er als Staranwalt auch so zwielichtige Leute wie O.J. Simpson vertreten hätte. «Ja, natürlich. O.J. Simpson ist ein guter und sehr interessanter Fall, unabhängig von der Schuldfrage», antwortet er. «Es wäre schrecklich, wenn wir zu den Zeiten zurückkehrten, in denen Angeklagte ihre Unschuld beweisen mussten. Und im Simpson-Fall hat die Staatsanwaltschaft nicht das Gegenteil beweisen können. Das System hat in solchen Fällen richtig die Abwägung getroffen, dass es besser ist, wenn zehn Schuldige davonkommen, als dass ein Unschuldiger verurteilt wird.» Eine sehr treffende Beschreibung eines demokratischen Rechtssystems. Deshalb bitte ich Aaron, noch ein bisschen ins Detail dieses ungewöhnlichen Falls zu gehen. «Ich habe keine Zweifel, dass, wenn es sich nicht um einen wohlhabenden Schwarzen wie Simpson gehandelt hätte, sondern nur um einen normalen schwarzen Klienten von der Straße, es niemals herausgekommen wäre, dass die Polizei Beweismaterialien gefälscht hat und die Anklage rassistisch motiviert war. Das heißt nicht, dass Simpson nicht schuldig war, aber es ist nicht die Aufgabe des Strafverteidigers, das zu beweisen. Seine Aufgabe ist es, Klienten zu vertreten, auch wenn die in den meisten Fällen schuldig sind. Aber das ist gut: Schließlich wäre es schrecklich, wenn wir in einem Land wie Iran leben würden, wo die meisten Angeklagten unschuldig sind.» Wenn das kein exklusiver Blick hinter die Rechtskulissen war! Ich würde mich jederzeit von Aaron verteidigen lassen, wenn mein Nachbar mich verklagt, falls ich «aus Versehen» seinen Mercedes-Stern abgebrochen hätte. Ich wäre zwar schuldig, aber Aaron würde mich trotzdem rausboxen. Perfekt. Das kann man also mit einer gut strukturierten Schulbildung erreichen! Ich bedanke mich bei Aaron, lade ihn auf die zwei Suppen ein und verspreche, weitere Suppenrunden zu schmeißen, falls er sich wieder in Deutschland blicken lässt. Vielleicht ist er ein bisschen zu ehrgeizig, aber ein ganz netter Kerl, der seine Motivation am Schluss unseres Gesprächs folgendermaßen zusammenfasst: «Mir waren Bürgerrechte immer eine Herzensangelegenheit und das zu große Vertrauen in den Staat stets zutiefst suspekt.» Guido Westerwelle würde an dieser Stelle vor Glück tanzen.

BESSERWISSERBOYKASTEN

Alles so einfach

Bildung ist die wichtigste Grundlage für ein zukunftsfähiges Handeln. Nicht jeder hat Gene wie Aaron. Und erst recht hat nicht jeder aufgrund seines sozialen Umfeldes die gleichen Bildungschancen. Hier muss die Politik endlich handeln, damit besonders Arbeiterkinder und Kinder mit Migrationshintergrund nicht auf der Strecke bleiben. Für jeden, der aber Zugang zum Internet hat, gilt: recherchieren, hinterfragen und stets wissensdurstig bleiben.

Anneliese Schmidt erklärt

Hochbegabung bezeichnet im allgemeinen deutschen Sprachgebrauch eine umfassende, weit über dem Durchschnitt liegende intellektuelle Begabung eines Menschen. Die genauen Ursachen der Hochbegabung liegen im Dunkeln, man geht davon aus, dass Hochbegabung durch eine Kombination genetischer Einflüsse und des sozialen Umfelds hervorgerufen wird. Nach Schätzungen ist nur ein kleiner Teil der Gesellschaft hochbegabt, man geht von 2,2 Prozent aus.

Paul surft

www.harvard.edu
www.bildungsbericht.de
www.profilingportal.de

Brot, Konfitüre und Tee – aus diesen wundervollen Dingen sollte heute Morgen mein Frühstück in Luzern bestehen. Luzern ist ein wunderschön gelegener Ort in der Schweiz. Die Tannen sind mit Schnee bedeckt, der Hochnebel zieht langsam ab, und die heute sehr langsam aufgehende Sonne wird den Schnee bald zum Schmelzen bringen.

Dieses herrliche Bild hat jedoch einen kleinen Fehler. Ebenso wenig wie ich das Frühstück eingenommen habe, sehe ich den Schnee und die Sonne.

Es ist Freitag, ich sitze in Kassel fest und bin demnach auch nicht in der Schweiz. Eigentlich wollte ich heute nach Luzern zu Prof. Georges T. Roos fahren und mir unsere Zukunft erklären lassen, doch die Lokführer der Bahn streiken mal wieder für *ihre* finanzielle Zukunft. So bleibt mir alternativ nur, mein Aufnahmegerät mit der linken Hand möglichst nah an den Telefonlautsprecher zu halten.

Prof. Georges T. Roos ist kein Wahrsager und auch kein Kartenleger, sondern ein anerkannter Zukunftsforscher. Pädagogik, Psychologie und Publizistik hat er studiert und früher als Journalist gearbeitet. Zukunftsforschung hat er, wie er sagt, «on the job» gelernt, und seit einigen Jahren betreibt er das «Roos Büro für kulturelle Innovation» in Luzern. Seine Kunden sind die Industrie, gemeinnützige Organisationen und die öffentliche Verwaltung. So hat er für das Deutsche Rote Kreuz schon mehrfach Vorträge zum Thema «Wie sieht die Zukunft der Freiwilligkeit aus?» gehalten. Vor großen Konzernen referierte er über Megatrends und Wertewandel. Er beschäftigt sich mit dem gesellschaftlichen Wandel genauso wie mit den Herausforderungen in der zukünftigen Arbeitswelt.

Mit diesem Mann also will ich über das N-Wort reden, und schon als ich es das erste Mal benutze, sprudelt es sofort aus ihm heraus:

«In puncto Nachhaltigkeit ist die jetzt aktive Generation besonders gefordert. Wir verbrauchen zu viel nicht erneuerbare Energie, wir verschwenden so viel Platz, als wenn wir noch eine zweite Schweiz oder ein zweites Deutschland in der Hinterhand hätten. Wir sind zu viel unterwegs, und wir essen falsch! Wenn die Schwellenländer unser heutiges Konsummuster adaptieren, kollabiert die Welt. Doch haben wir ein Recht, anderen zu verbieten, was wir uns selbst gönnen? Zudem macht der Staat Schulden. Das sind alles Aspekte, die die Jugend irgendwann wird ausbaden müssen. Die Jugend hat uns als Vorbild, und daher sehe ich zunächst keinen großen Ansporn zur Verhaltensänderung. Allerdings fragen sich junge Menschen schon, wie es mit unserer Welt weitergehen soll. Angesichts dieser Herausforderungen globalen Ausmaßes kann man als Einzelner sehr schnell das Gefühl haben, ohnmächtig zu sein. Die Frage stellt sich, was ich zum Gelingen einer nachhaltigen Entwicklung beitragen kann.»

Hoppla, in einer Minute Redezeit hat er die großen Fragen und auch die Grundgedanken meines Buches zusammengefasst. Warum nur bin ich wochenlang durch die Gegend gegurkt und habe so viele Strapazen auf mich genommen, wenn ich das doch alles – ökologisch wertvoll – durch ein einziges Telefonat ins Land der Eidgenossen hätte regeln können? Aber der gute Professor hat auch Antworten. Doch für eine gute wissenschaftliche Analyse muss zunächst der Ist-Zustand genauer betrachtet werden. Georges T. Roos fährt also fort: «Wir werden künftig ein großes Problem mit Trinkwasser haben. Zudem töten Hunger, Aids und andere Krankheiten heute mehr Menschen als die Klimaerwärmung. Das wird noch Jahre so sein. Das HI-Virus wütet in Afrika so sehr, dass Bevölkerungsszenarien für den schwarzen Kontinent kaum zu erstellen sind.

Als die Deutsche Bank eine globale Zukunftsanalyse über die Wachstumspotenziale erstellen wollte, musste sie Südafrika aus dem Rating wieder herausnehmen, weil sie aufgrund der Verbreitung des HI-Virus keine Prognose über die demographische Entwicklung abgeben konnte.»

Das Virus greift also derartig heftig in die Gesellschaft ein, dass niemand zu sagen mag, was in einigen Jahren mit dem Land sein wird – völlig unabhängig von wirtschaftlichen oder sozialen Komponenten.

Doch was ist mit den Europäern? Was mit uns Deutschen? Bei uns ist Aids derzeit nicht das bestimmende Thema. Unser Denken und Handeln wird eher durch eine drohende Energiekrise oder die Arbeitslosigkeit bestimmt. Und wie auch in den Siebzigern und Achtzigern, als es autofreie Sonntage und viele Demonstrationen gab und sich dadurch das Verhalten der Konsumenten änderte, scheint auch heute wieder der Faktor Angst eine wichtige Rolle zu spielen.

«Braucht denn die Gesellschaft erst Schreckensszenarien, um ihr Verhalten zu ändern?», frage ich an meiner linken Hand vorbei in den Telefonhörer hinein. Ich vernehme ein kurzes Röcheln am anderen Ende. Entweder hat meine Frage den Professor aus dem Takt gebracht, oder er will Zeit gewinnen. «Ich glaube an die Anpassungsfähigkeit der Menschen, aber sie bewegen sich nicht sehr gerne freiwillig. Sie brauchen schon einen Problemdruck. Die Sorge ist also sicherlich ein wichtiger Faktor. Es muss wehtun, dann sind wir auch bereit umzudenken.»

Nun gut, damit hat er mir bereits aus der Seele gesprochen, aber nur, um jetzt weiter ins Detail zu gehen: «Wenn Sie das ökologische Verhalten der Menschen in den siebziger Jahren betrachten, dann war das sehr Anti-Spaß und sehr lustfeindlich. Das hat sich beispielsweise durch die typisch ökologisch-schlampige Kleidung ausgedrückt. Heute sieht man das alles anders. Es findet ein gesellschaftlicher Paradigmenwechsel statt. Gesundes und zukunftsfähiges Leben ist heute vereinbar mit den Aspekten des Lebensgenusses. Weniger Fette und weniger fleischreiche Nahrung, dafür mehr frisches Gemüse. Oder wenn sie sich mal die Mode anschauen, dann gibt es mittlerweile viele Designer, die nur Baumwolle verwenden, die pestizidfrei angebaut wird. In Amerika spricht man mittlerweile von der Käufergruppe der sogenannten Lohas.» Die Lohas kenne ich ja schon von meinem Besuch beim Werbeexperten Dr. Michael Trautmann. Doch Professor Roos hat Neues über diese Verbrauchergruppe zu berichten: «Der Lohas-Markt in den USA wird auf eine halbe Milliarde Dollar pro Jahr beziffert. Diese Leute bevorzugen lokale Produzenten von Gemüse und Fleisch, ihnen ist die Gesundheit sehr wichtig, die sie nicht nur als Reparatur von Krankheit, sondern als Pflege des eigenen Daseins verstehen. Diese Leute, von denen es auch viele in Deutschland gibt und deren Zahl täglich wächst, verzichten trotzdem nicht auf Lebensgenuss.»

Da es sich bei diesen Menschen um eine kaufkräftige Gruppe handelt, ist sie natürlich auch wieder interessant für die Industrie, und die reagiert dann mit entsprechenden Angeboten. Das leuchtet mir ein.

Wer noch vor zehn Jahren Bio-Lebensmittel einkaufen wollte, musste zunächst mal ewig suchen. Seine «Auswahl» erstreckte sich dann auf eine Handvoll Produkte, darüber hinaus wurde er betrachtet, als würde er gerade in seinem Vorgarten ein wahnsinnig tiefes Loch graben und erklären, er suche darin den Sinn des Lebens. Heute hingegen wird um Geschäfte ein großer Bogen gemacht, in denen nicht wenigstens Bio-Eier verkauft werden. Die großen Lebensmittelketten haben das Geschäft längst erkannt und überlassen den reinen Bio-Supermärkten nicht mehr alleine das Feld. In den Prospekten von Aldi, Lidl & Co. kommt mittlerweile häufiger das Wort «Bio» als der Begriff «billig» vor.

Doch was ist, wenn das alles nur ein Trend ist, der genauso plötzlich wieder verschwindet, wie er gekommen ist? In den achtziger Jahren wusste jedes Kind, was «Saurer Regen» bedeutet, heute höre ich bei meinen Gesprächen auf den Zugfahrten die abenteuerlichsten Erklärungen, nur fast nie die richtige.

Auf meine Bedenken hin angesprochen, meint unser Zukunftsforscher, dass das Thema Nachhaltigkeit sicherlich in einigen Jahren wieder eine andere Priorität bekomme. Dabei spielen allerdings wohl auch seine persönlichen Hoffnungen eine Rolle, denn wieder kommt er auf die dringenden Probleme zu sprechen, die Afrika bedrohen: Hunger und Wassermangel.

Doch nun will ich ihn endlich einen Blick in die Glaskugel werfen lassen. Was für technologische Quantensprünge werden auf uns Deutsche zukommen? Roos erzählt mir zunächst von einem Kollegen, der voraussagt, dass Autos nicht nur energieschonend fahren werden, sondern sich auf den großen Hauptverkehrsstraßen auf virtuellen Schienen eingliedern und wie die Waggons eines Zuges gesteuert würden. So will man dem immer weiter steigenden Mobilitätsdrang der Menschen Herr werden. Angetrieben werden die aerodynamischen Fahrzeuge durch einen Hybridmotor, der durch Wasserstoff und Strom gespeist wird. Fahrzeuge, die uns entgegenkommen, geben Informationen über Staus oder Unfälle an unsere Autos ab, die daraufhin entsprechend ihr Fahrverhalten ändern.

«Der Computer wird unser Leben immer mehr begleiten», weiß Professor Roos. «Aber er wird immer unsichtbarer sein, weil in die Alltagsdinge verwoben sein wird.» Er erzählt von T-Shirts, die ständig die Vitalfunktionen unseres Körpers überprüfen und im Bedarfsfall einen Krankenwagen rufen. Von Häusern, die ihre Bewohner erkennen und ihnen automatisch die Türen öffnen, und von Lichteinstellungen, die automatisch unseren gescannten Befindlichkeiten angepasst werden. Von Computern, die nicht mehr ständig abstürzen (Juhu! Wie auch immer die das hinbekommen wollen ...), und kaputten Geräten, die uns den Grund einer Fehlfunktion sofort anzeigen oder ihn sogar gleich selbst beheben ... Wir werden online leben und komplett durchsichtig sein. Na, Klasse! Was würde jetzt wohl mein Kumpel Thilo dazu sagen, auf dessen Lieblings-T-Shirt das Porträt von unserem Innenminister und obersten Online-Durchsucher Wolfgang Schäuble zu sehen ist, gepaart mit dem Aufdruck «Stasi 2.0»? An dieser Stelle packt auch Roos seinen verbalen Zeigefinger aus. Er warnt davor, dass man jetzt nicht denken solle, dass hier in fünfzig Jahren alles anders sei. Wir würden lernen müssen, mit der verbesserten Technologie umzugehen und sie in den Alltag zu integrieren.

Zum Abschluss möchte ich noch von ihm wissen, wie wir in Zukunft Einfluss auf die immer größer und mächtiger werdenden Weltkonzerne ausüben können. «Das zeigt uns doch schon die Gegenwart, dass der Konsument Macht hat!», entgegnet er, als wenn er am Abend zuvor mit Thilo Bode und Edda Müller Käsefondue gegessen und diesen Satz übernommen hätte. Roos bringt das Beispiel von «Mars» in England. Die Rezeptur des Riegels wurde vor einiger Zeit geändert und der Schokolade Kälberblut beigemischt. Die britischen Vegetarier haben im Internet protestiert und vor dem Kauf gewarnt, sodass nach kurzer Zeit wieder die alte Rezeptur verwendet wurde. Die Internetgemeinde sieht Roos als für Proteste allgemein sehr wichtig und einflussreich. «Denken Sie nur an die Kampagne ‹DellHell›, als der amerikanische Computerhersteller Dell einen Service versprochen und nicht eingehalten hat. Ein Blogger hat eine derartige Protestbewegung ausgelöst, dass Dell schließlich eine Gewinnwarnung herausgeben musste!»

Bevor er sich jedoch in seiner Begeisterung für Konsumenten-Muskelspiele verliert, gibt er zu bedenken, dass auf der anderen Seite die Probleme mit gefährlichen Interessengruppen nicht kleiner werden. «Nazis werden auch weiterhin ein Thema bleiben, weil gerade diese Gruppen durch die geschürte Angst und bestehende Probleme wie Arbeitslosigkeit und weiter aufkommende Armut gestärkt werden.» Das ist nun leider so neu nicht ...

Überraschend finde ich dagegen den nächsten Teil seiner Analyse. Die Menschen werden seines Erachtens trotz oder gerade wegen der vielen neuen Technologien auch wieder einen verstärkten Sinn für soziale Nähe und für Gruppendenken haben. «Das Leben wird nicht im Internet, sondern weiterhin draußen stattfinden. Die Gemeinschaftswerte werden wieder wichtiger – das ist ein ganz wichtiger Aspekt, z.B. für Protestgruppen wie Greenpeace. Derartige Institutionen werden auch in Zukunft keine Probleme haben, Leute zu motivieren. Allerdings gilt das eher für kurzfristige, spontane Aktionen und Gemeinschaftsbildungen. Langfristige Engagements wie ein Dienst für das Rote Kreuz werden dagegen eher seltener.»

Das hört sich, sieht man einmal von seiner Prognose zum Roten Kreuz ab, doch gar nicht so finster an!

Ich bin zufrieden mit unseren Zukunftsaussichten, bedanke mich bei Professor Roos und hänge den Hörer ein. In diesem Moment prasseln die Eindrücke und Aussichten der letzten Minuten in geballter Form auf mich ein und entladen sich in folgender Vision: Ich stelle mir vor, wie ich in zwanzig Jahren nach der emotional gesteuerten Dusche in mein schlaues T-Shirt schlüpfe, das mir zunächst einen guten Morgen wünscht, um mich dann darauf aufmerksam zu machen, dass ich mal wieder etwas Sport treiben sollte. Das kann ich wahrscheinlich noch verfälschen, indem ich über das maulende Shirt eine Oldstyle-Trainingsjacke ziehe. Doch spätestens im Auto muss ich mich meinem Gewicht stellen, weil der Energieverbrauch gestiegen ist. Dies wird dann den anderen Autos mitgeteilt, und ganz Berlin verabredet sich im Internet zu einer Demo gegen den dicken Schlegl!

Eine komische Welt wird das ...

BESSERWISSERBOYKASTEN

Alles so einfach

Es bleibt spannend! Erstaunlich.

Anneliese Schmidt klärt auf

«Saurer Regen» hat einen zu niedrigen ph-Wert und kann durch die Versauerung des Bodens Pflanzen schädigen. Er wurde ursprünglich mit Baumschädigungen («Waldsterben») in Verbindung gebracht.

Zukunftsforscher: Die Erforschung der Zukunft beginnt im Hier und Heute. Zukunftsforscher machen Umfragen und versuchen herauszufinden, welche Faktoren den Menschen beeinflussen. Dann analysieren sie, wie sich diese Faktoren verändern könnten, und auf dieser Basis wird das Zukunftsszenario entworfen.

Baby ich tu's

Nicht nur in die Zukunft schauen, sondern auch mal mit der Oma reden und aus der Geschichte lernen. Gleichzeitig die älteren Generationen mit Innovationen vertraut machen. Also dem Opa den iPod ausleihen oder der Tante das Fotohandy erklären.

Paul surft

www.kultinno.ch

www.ztb-zukunft.com

www.netzwerk-zukunft.de

Ich sitze in der U 1. Nach langer Reise und vielen Terminen geht es zurück nach Kreuzberg, meiner gegenwärtigen Heimat. Ich denke angestrengt über ein Fazit meiner Reise nach. Zu spät ist es in Deutschland noch lange nicht. Dafür habe ich viel zu viele wunderbare Menschen kennengelernt, die spüren, dass etwas falsch läuft, und sich für Veränderung einsetzen. Das wird aber nicht ausreichen, solange diese Menschen in der Minderheit bleiben. Was fehlt, ist eine richtige Bewegung. Vereinzelte Straßenkämpfer gegen eine träge, teilnahmslose Masse sind zu wenig. Wir brauchen noch mehr Menschen, die hinterfragen, was ihnen vorgesetzt wird. Nicht alles und immer, aber ein wenig mehr Kritik aus der Masse heraus würde uns schon gut tun. Klar ist, dass alle Probleme, die ich während meiner Reise aufgedeckt oder erkannt habe, vielleicht nur nebensächlich sind für Leute, die wirkliche Existenzängste haben, egal ob durch Krankheit, Arbeitslosigkeit oder Armut. Allerdings gehen das niedrige Bildungsniveau, der Klimawandel, die bewusste Täuschung der Konsumenten uns alle etwas an – wenn nicht jetzt, dann bald. Wir können immer wieder auf die Politik zeigen oder über die Industrie schimpfen, doch am Ende sind wir selbst verantwortlich. Jeder Tag ist eine Ansammlung von Entscheidungen, bei denen wir uns auch für oder gegen unsere Zukunftsfähigkeit entscheiden.

Während mir diese Gedanken durch den Kopf schwirren, schließe ich für einen kurzen Moment die Augen. Ich höre einen Knall, gefolgt von einem lauten Schrei. Ein jüngerer Mann stürmt die U1 und ruft: «Mein Name ist Bas und ich bin Dichter.» Ich schalte unbemerkt mein Aufnahmegerät ein. Jeder in der U1 scheint für einen Moment die Luft anzuhalten. Totenstille. Folgende Zeilen, die sich unbemerkt tief in mein Hirn brennen, schallen nun kräftig durch das Abteil:

Häng deine Hoffnung an ein Plastikschwein Made in
    Taiwan
Häng deine Hoffnung an einen Pflasterstein und andern
    Kleinkram
Zur Show gibt es Kitsch
Zum Popstar das Image
Zur Schönheit die Bräunung
Zum Glück gibt's die Täuschung
Also:
Dran glauben!
Kram kaufen!
Augen schließen!
Den Schwindel genießen!

Häng deine Ziele an den Masterplan von Microsoft
Häng deine Ziele an die Straßenbahn zum Luxusloft
Zum Reichtum gibt's Schätze
Zum Brechen Gesetze
Zur Unschuld die Leugnung
Zum Glück gibt's die Täuschung
Also:
Dran glauben!
Kram kaufen!
Augen schließen!
Den Schwindel genießen!

Häng deine Träume an die Funknetze der Telekom
Häng deine Träume an Goldschätze und Pokémon
Zur Ware gibt's Werbung
Zum Blondieren die Färbung
Zum Traum gibt's die Deutung
Zum Glück gibt's die Täuschung
Also:
Dran glauben!
Kram kaufen!
Augen schließen!
Den Schwindel genießen!

Häng deine Wünsche an die Serien auf ProSieben
Häng deine Wünsche an die Ferien und ans Verlieben
Zur Liebe gibt's Treue
Zum Fremdgehen die Reue
Zum Schmerz die Betäubung
Zum Glück gibt's die Täuschung
Also:
Dran glauben!
Kram kaufen!
Augen schließen!
Den Schwindel genießen!

Ich habe aufgehört, dran zu glauben. Deutschland noch lange
nicht.
Da habe ich mein Fazit.

ENDE

Anhang

zu spät
Song
erschienen 1984 auf dem Album «Debil»

das beste von kurz nach früher bis jetze
Album
erschienen 1994

ich ess blumen
Song
erschienen 1988 auf dem Album «Das ist nicht die ganze Wahrheit», Single veröffentlicht 1988

bitte bitte
Song
erschienen 1988 auf dem Album «Das ist nicht die ganze Wahrheit», Single veröffentlicht 1989

der graf
Song
erschienen 1998 auf dem Album «13»

alleine in der nacht
Song
erschienen 1986 auf dem Album «Die Ärzte»

wie es geht
Song
erschienen 2000 auf dem Album «Runter mit den Spendierhosen, Unsichtbarer!», Single veröffentlicht 2000

mach die augen zu
Song
erschienen 1993 auf dem Album «Die Bestie in Menschengestalt», Single veröffentlicht 1993

living hell
Song
erschienen 2007 auf dem Album «Jazz ist anders»

geräusch
Album
erschienen 2003

nie wieder krieg, nie mehr las vegas!
Song
erschienen 1998 auf dem Album «13»

die klügsten männer der welt
Song
erschienen 2003 auf dem Album «Geräusch», Single veröffentlicht 2004

goldenes handwerk
Song
erschienen 1998
auf dem Album
«13», Single
veröffentlicht 1998

ich ess blumen
liveversion
live gespielt am
16. 11. in Dortmund,
Westfalenhalle,
auf der
«Es wird eng»-Tour

lied vom scheitern
Song
erschienen 2007
auf dem Album
«Jazz ist anders»,
Single
veröffentlicht 2007

schrei nach liebe
Song
erschienen 1993
auf dem Album
«Die Bestie in Men-
schengestalt», Single
veröffentlicht 1993

teenager liebe (echt)
Song
erschienen 1989
auf dem Album
«Die Ärzte früher!»

danke für jeden guten morgen
B-Seite
erschienen 1998
auf der Single
«1/2 Lovesong»

buddy holly's brille
Song
erschienen 1985
auf dem Album
«Im Schatten
der Ärzte»

elektrobier
Song
erschienen 2001
auf dem Album
«5,6,7,8 – Bullenstaat»

dinge von denen
Song
erschienen 2003
auf dem Album
«Geräusch»,
Single
veröffentlicht 2003

das ist nicht die ganze wahrheit
Album
erschienen 1988

wie am ersten tag
Song
erschienen 1986
auf dem Album
«Die Ärzte»

der optimist
Song
erschienen 2000
auf dem Album
«Runter mit den
Spendierhosen,
Unsichtbarer!»

perfekt
Song
erschienen 2007
auf dem Album
«Jazz ist anders»

vorbei ist vorbei
Song
erschienen 2007
auf dem Album
«Jazz ist anders»

ein lied für dich
Song
erschienen 1998
auf dem Album
«13»

besserwisserboy
Song
erschienen 2003
auf dem Album
«Geräusch»

alles so einfach
Song
erschienen 2000
auf dem Album
«Runter mit den
Spendierhosen,
Unsichtbarer!»

paul
Song
erschienen 1984
auf dem Album
«Debil»,
Single erschienen
1984

**anneliese
schmidt**
Song
erschienen 1989
auf dem Album
«Die Ärzte früher!»

baby ich tu's
Song
erschienen 1988
auf dem Album
«Das ist nicht
die ganze Wahrheit»

Dank
ein lied für dich

Wir danken:

Allen, die uns begleitet haben und sich zudem auch noch zitieren ließen!

Außerdem besonderen Dank an: Julia Vorrath, Herrn Junge, Marc Ludwig, Vanessa Kirsch, Sieglinde und Michael Schlegl, Schwester Julia, Lena, die gesamte Extra 3-Redaktion, Annika, Harriet, Eva, Maike, Lucas und Felix, Pelle, Thorsten, Bas Böttcher, Kulli, BelaFarinRod und natürlich Woody Allen.

Politik, Zeitgeschichte, Gesellschaft

Vorsicht, homo politicus!

Joachim Fest
Begegnungen
Über nahe und ferne Freunde
rororo 62082

Martin/Schumann
Die Globalisierungsfalle
*Der Angriff auf Demokratie
und Wohlstand.* rororo 60450

Martina Rellin
Klar bin ich eine Ost-Frau!
*Frauen erzählen aus dem richtigen
Leben.* rororo 61912

Tom Buhrow/Sabine Stamer
Mein Amerika – Dein Amerika
rororo 62223

Silke Schwartau/Armin Valet
Vorsicht Supermarkt!
*Wie wir verführt und
betrogen werden*
rororo 62315

Jürgen Roth
Ermitteln verboten!
*Warum die Polizei den Kampf
gegen die Kriminalität aufgegeben hat.* rororo 62309

Peter Bofinger
**Wir sind besser,
als wir glauben**
Wohlstand für alle

rororo 62107

Weitere Informationen in der Rowohlt Revue *oder unter* www.rororo.de

Wolfgang Büscher
Berlin–Moskau
Eine Reise zu Fuß

«Dieses Buch hat gute Aussichten, einmal zu den Klassikern der Reiseliteratur zu zählen – noch vor Bruce Chatwins Büchern.» (Südd. Zeitung)
«Reiseerfahrungen, die zum Besten gehören, was in den letzten Jahren in deutscher Sprache erschienen ist.» (Der Spiegel) rororo 23677

Reiseliteratur bei rororo:
Der Weg ist das Ziel

Helge Timmerberg
Shiva Moon
Eine Reise durch Indien
Der Ganges ist Indiens Schicksalsstrom: Helge Timmerberg ist ihm gefolgt – von der Quelle im Himalaya bis zum Delta. Mit Kraft, Witz und Klarsicht erzählt er von Gottheiten, Heuchlern, Bettlern und schönen Geisterheilerinnen, von Rausch und Nüchternheit – ein hinreißendes Porträt.
rororo 62118

Klaus Bednarz
Am Ende der Welt
Eine Reise durch Feuerland
und Patagonien
Diese Landschaften haben immer wieder Menschen aus aller Welt in ihren Bann gezogen – mit ihrer endlos weiten Pampa, den Fjorden und Kanälen, Gebirgen und schroffen Küsten.
rororo 61942

S 71/2

Weitere Informationen in der Rowohlt Revue oder unter www.rororo.de

Roland Rosenstock
Die Zehn Gebote und was sie heute bedeuten
Eine Gebrauchsanweisung
Passen die Zehn Gebote heute noch in die Alltagswirklichkeit? Roland Rosenstock macht anhand von Konfliktsituationen aus dem Alltag von Kindern und Jugendlichen die Relevanz der Zehn Gebote anschaulich.
rororo 62232

Religion für Einsteiger

Christian Nürnberger
Die Bibel
Was man wirklich wissen muss
Christian Nürnberger erzählt die wichtigsten Geschichten des Alten und Neuen Testaments und erklärt, worin die revolutionäre Botschaft des biblischen Geschehens liegt – für Christen und Nichtchristen. Eine anschauliche und unterhaltsame Einführung, lebensnah und überraschend aktuell.
rororo 62068

Heiner Geißler
Was würde Jesus heute sagen?
Die politische Botschaft des Evangeliums
Heiner Geißler erklärt die politische Sprengkraft der Lehren von Jesus und setzt die Aussagen des Evangeliums auf unkonventionelle und engagierte Weise mit unserer politischen, kulturellen und ökonomischen Gegenwart in Verbindung.
rororo 61594

S 85/1

Weitere Informationen in der Rowohlt Revue *oder unter* www.rororo.de